JN408826

경희대학교 아프리카연구센터 총서 3

아프리카의 상징 철학

아딘크라

홍명희 조지숙 유재명
김경랑 이경래 지음

도서출판 다 사 랑

홍명희는 프랑스 부르고뉴 대학에서 문학박사 학위를 받았으며, 경희대학교 프랑스어학과 교수로 재직하고 있다. 현 아프리카연구센터 소장 직을 맡고 있다.

조지숙은 서강대학교에서 문학박사 학위를 받았으며, 경희대학교 학술연구교수로 재직하고 있다.

유재명은 프랑스 사부아대학에서 문학박사 학위를 받았으며, 경희대학교 후마니타스칼리지 객원교수로 재직하고 있다.

김경랑은 서울대학교에서 교육학박사 학위를 받았으며, 한국 교육과정평가원 연구위원으로 재직하고 있다.

이경래는 프랑스 파리3대학에서 문학박사 학위를 받았으며, 경희대학교 프랑스어학과 교수로 재직하고 있다. 경희대학교 아프리카연구소 소장을 지냈다.

※ 이 저서는 2015년 정부(교육부)의 재원으로 한국연구재단의 지원을 받아 수행된 연구임(NRF-2015S1A5B4A01036581)

서 문

이 책은 아프리카의 대표적 상징 중의 하나인 아딘크라를 소개하기 위한 것이다. 아딘크라는 서부 아프리카의 가나에서 시작하여, 오늘날 아프리카뿐 아니라 전 세계로 알려지고 있는 일련의 문양을 말한다.

아딘크라는 단순한 문양에 그치는 것이 아니라 각각의 문양이 상징적 의미를 담고 있다. 우리가 아딘크라를 '아딘크라 상징'이라 부르는 이유도 그 때문이다. 아딘크라에는 아프리카인들의 신화와 전설, 역사와 문화, 삶의 지혜가 담겨있다. 문자문화가 발달하지 않았던 아프리카의 특성상 오랜 세월동안 아딘크라의 의미는 구전으로 전승되었다. 그렇기 때문에 아딘크라는 단순한 문양이 아니라 아프리카인들의 또 다른 언어와 문자이기도 하다.

아딘크라는 서부 아프리카 지역의 거대 민족 집단인 아칸족과 아칸족의 하위 부족인 아샨티족의 문화와 전통을 주로 담고 있다. 아칸족과 아샨티족은 동일한 아칸어 방언을 사용하며 유사한 문화와 전통을 가지고 있다. 오늘날 이 두 부족의 대부분은 가나에 거주하고 있지만, 코트디부아르 같은 인접 국가에도 일부 거주하고 있다. 사실 아프리카 국가들의 경계 자체가 19세기 유럽의 식민지 분할 경쟁의 결과로 생긴 것이 대부분이기 때문에, 문화의 측면에서 보면 국가의 구별은 중요한 변별 요소가 되지 않는다. 아딘크라에는 아칸족의 전통적 풍습과 공동체의 특별한 가치, 철학적 개념과 일상생활의 행동강령, 그리고 사회적 기준 등이 담겨있다. 달리 표현하자면, 아딘크라는 아칸의 세계관의 표현이다. 또한 이 상징들은 신의 개념, 인간관계, 삶의 영성과 죽음의 불가피성 등과 관련 있는 아칸족의 지혜를 반영한다.

아딘크라는 고정된 의미나 문양이 아닌, 다양한 의미와 다층적 해석의 층을 가지고 있는 상징이다. 그렇기 때문에 동일한 상징이라도 사용되는 시대와 상황에 따라서 다른 의미를 가지게 되고, 그 의미의 외연이 계속 확대되어나간다. 이것은 신화학의 입장에서 보면 아딘크라가 '죽은 신화'가 아닌 '살아있는 신화'의 역할을 하고 있다는 것을 의미한다. 즉 이 시간, 이곳에서 살고 있는 '나'와 관련 없는 다른 사람들의 이야기가 아니라, 나의 삶에 실제로 영향을 미치는 '살아있는 이야기'인 것이다.

아칸족의 장례예술에서부터 시작된 아딘크라는 오늘날 이 상징들의 철학적 의미보다는 각 문양들이 가지고 있는 개성적인 미학에 의해 각광받고 있지만, 아프리카의 전통적 지혜라는 본래의 의미도 망각되어서는 안 될 것이다. 아딘크라 상징은 아프리카의 과거와 현재, 그리고 미래를 연결해주는 문화적 고리이기 때문이다.

이 책에 표기된 각 아딘크라의 명칭은 아칸족의 방언인 트위어(Twi)로 되어 있는 표기를 현재 널리 통용되는 영어식 표기로 고친 것이다. 트위어는 나이지리아 아샨티족의 주 언어이며, 아샨티어라고도 한다. 성조(聲調)언어인 트위어의 특성상 한글표기법으로 완벽한 발음을 표시하는 것은 불가능하지만, 이 책에서는 원어 발음에 최대한 가까운 방향으로 표기하였다.

이 책은 경희대학교 아프리카연구센터의 아프리카 상징연구의 결과물이다. 아딘크라는 현재 국내는 물론 세계적으로도 체계적인 정리 작업이 되어있지 않다. 이 책이 아마도 국내에 아딘크라를 처음으로 소개하는 본격적인 도서가 될 것이다. 저자들은 이 책이 아딘크라의 소개를 넘어, 아프리카 문화에 대한 이해를 높이는 데 기여하기를 기대한다. 이 책을 만드는데 있어서 아딘크라 표기와 발음을 감수해준 나나 아두우비 케테 바나헤네(Naana Adwubi-kete Banahene), 도안 제작과 정리에 도움을 준 정다은, 홍일아, 홍지수 양에게 고마움을 표한다.

목 차

서부 아프리카의 상징 철학 아딘크라

서부 아프리카의 상징 철학 아딘크라[1)]

'아딘크라(Adinkra)'는 아프리카 가나를 중심으로 시작되어 오늘날에는 아프리카를 대표하는 상징체계 중 하나로 세계적으로 알려지고 있는 일종의 도안들이다. 또한 아딘크라는 그 문양들이 찍힌 직물을 일컫기도 하는데, 사실 그 구분은 명확하지 않다. 아딘크라의 기원에 대한 의견 또한 분분하다. 가나의 거대 민족 중의 하나인 아칸족 아샨티 왕국의 이야기에 따르면, '아딘크라'는 코트디부아르의 옛 왕국 기야만(Gyaman)의 왕이었던 나나 코피 아딘크라(Nana kofi Adinkra)의 이름에서 유래한다. '딘크라'는 '이별하다', '작별하다' 혹은 '이별을 고하다' 등의 의미를 지니고 있다. 이러한 의미 때문인지 아딘크라 모티브가 새겨진 천으로 만든 의상들은 장례식 복장에서 흔히 발견할 수 있다. 그러나 아딘크라 상징들은 장례식뿐만 아니라 그

1) 이 글은 『비교문화연구』, 제 44집(2016)에 실린 조지숙의 논문 「아프리카 가나의 상징 철학 아딘크라」를 요약, 정리한 것이다.

다양한 모티브와 의미로 인해 시간과 공간을 초월하여 아프리카 대륙은 물론 여러 다른 대륙의 국가들에서도 사용되고 있다. 아딘크라는 구술문화에서 탄생한 상징이다. 구술문화에는 텍스트가 없다. 그러나 아딘크라 상징의 경험적 지혜는 오히려 문자로 고착된 지식보다 더 일반적이고 확장 가능하다.

아딘크라의 의미와 형성 과정

가나에는 400여 개의 아딘크라 상징이 있다고 추정되지만, 현재 그 의미를 다 알 수는 없다. 각 아딘크라 상징의 유래는 신화, 전설, 역사적 사실, 일상생활, 동물, 식물 등 매우 다양하다. 이들의 공통점들 보자면, 아프리카인들은 사물과 동물, 그리고 식물들에게 인간과 동일한 인격과 개성을 부여하면서 친근함과 경외심을 보인다는 것이다. 이러한 아딘크라는 의미군에 따라 크게 다음과 같은 네 가지의 의미 범주로 나누어 볼 수 있다.

첫째, 신 혹은 권력자와 관련된 의미를 담고 있는 아딘크라,
둘째, 도덕적 가르침 혹은 교육의 의미를 담고 있는 아딘크라,
셋째, 사랑과 우정의 의미를 담고 있는 아딘크라,
넷째, 인생의 의미를 담고 있는 아딘크라.

1 신 혹은 권력자와 관련된 의미를 담고 있는 아딘크라

	심벌	이름	의미
①		아딘크라헤네 Adinkrahene	고귀함/왕족
②		아딘크라헤네 뒤아 Adinkrahene Dua	고귀함/왕족
③		지 은야메(진야메) Gye Nyame	신의 불멸성/전지전능
④		아야 Aya	저항/참을성/대담함
⑤		오냐코폰 아니와(에니와) Onyakopon aniwa(eniwa)	신의 편재

아프리카의 각 종족은 저마다 고유의 창조신화를 갖고 있다. 한 종족의 신화가 아프리카 대륙 여러 나라에 공통적으로 나타나기도 하고, 같은 신이 이름만 달리하여 등장하기도 하는데, 어느 한 종족이 한 나라에만 국한된 것이 아니기 때문이다. 이는 아프리카 대륙의 특수성에 기인한 것이다. 현재 54개국으로 이루어져 있는 대륙 아프리카는 과거에 국가보다는 종족으로 존재해왔기에, 종족간의 공통점이 드러나는 신화는 물론 상징까지도 국경을 초월하여 나타나는 것은 당연하다. 따라서 아딘크라의 상징은 가나에서 가장 많이 사용되기는 하나 그 영향은 국경을 넘어선다.

아딘크라는 왕, 권력, 신과 관련된 상징들이 많은 부분을 차지한다. 이는 아칸족이 왕 중심의 사회체제를 조직하고 다신교적 종교관을 가지고 있었다는 것을 엿볼 수 있는 부분이다.

'아딘크라헤네'와 '아딘크라헤네 뒤아'는 아딘크라 최고의 상징으로, 최고 의전 혹은 왕위의 영원성을 뜻한다. 이 두 상징은 아딘크라 어느 상징에서나 필요한 경우 파생 상징을 생성할 수 있다는 예를 보여준다. 아딘크라 상징은 고착화되어 있거나 고정된 것이 아니라 역동적이고 다층적이다. 따라서 그 상징의미와 정의는 변할 수 있으며 몇 가지 버전으로 상징화될 수 있다.

아칸인들은 '지 은야메(진야메)'를 다음의 의미로 해석하고 있다. 우선 '지'는 예외, '은야메'는 신을 뜻하는 바, "신을 제외하고, 나는 아무것도 두려워하지 않는다."라는 의미를 지니고 있다. 또한 신은 어디에나 존재하며 전능하다는 점을 알고 있다는 것을 의미하며, 자신이 창조한 모든 것을 넘어서는 힘을 지니고 있다는 점을 보여주기도 한다. '오냐코폰 아니와(에니와)' 역시 신의 눈의 상징, 즉 "신의 눈은 모든 비밀을 본다."는 의미로 신의 편재를 보여준다.

'아야'는 펀(fern : 양치식물)을 상징화한 것이다. 바위가 많은 지대에서 자라는 펀은 거칠고 강인한 식물로 알려져 있다. 이로부터 '아야'는 역경과 어려움에 맞설 수 있는 대담하고 강인한 성격을 의미한다. 아칸족은 어려움 속에서도 살아남아서

번창한 자신의 민족을 이 식물의 특성에 비유하고 있다. 또한 '아야'는 흔히 왕들이 사용하던 상징이었다. 왕들은 대담무쌍과 독립의 표현으로 '아야' 상징이 새겨진 옷을 입었다고 한다. '아야' 혹은 '펀' 문양의 옷을 입는다는 것은 "나는 독립적이다.", "나는 당신을 두려워하지 않는다."를 의미하기 때문이다. 이처럼 아칸족은 흔한 식물인 자연물에까지 그것의 특징을 포착하여 의미를 부여함으로써 그저 그 식물을 식물로만 머물게 하지 않고, 그것에 삶에 필요한 의미를 부여하면서 하나의 생명을 또 다른 생명으로 재탄생시킨다.

아딘크라에서는 상징 '푼툼푸나푸 덴쳄푸나푸'/ '푼툰미레쿠(Funtumfunafu denkyemfunafu/Funntunmireku ✻)'[2]처럼 민주주의를 대표하고, 다수의 의견에 대한 존중과 관련된 상징도 다수 발견된다. 아칸족의 왕권 혹은 신권이 절대권 혹은 독재의 형태가 아니라, 다수의 의견을 존중하는 민주적 양태로 존재했음을 알 수 있다. 뿐만 아니라 민주주의가 표방하는 이념을 구현하기 위해서는 종족 간의 서로 다른 세계관과 가치관의 근본적 차이를 무시하거나 간과해서는 안 된다는 사실을 아칸인들은 이 상징을 통해 지적하고 있다.

2) '푼툼미레쿠 덴쳄미레쿠(Funtummireku-Denkyemmireku)'라고도 한다.

2 도덕적 가르침 혹은 교훈의 의미를 담고 있는 아딘크라

	심벌	이름	의미
①		쿤틴칸탄 Kuntinkantan	겸손과 봉사의 필요
②		아코코 난 Akoko nan	부모의 마음 보살핌, 애정, 보호 꾸짖는다고 해서 아이를 망치지 않는다.
③		산코파 Sankofa	언제나 당신의 잘못을 고칠 수 있다. 지혜 미래를 위해 과거의 경험을 이용하라. 전혀 하지 않는 것보다 늦는 것이 낫다.
④		쟈님멘 Dwannimmen	겸허함와 강인함 지혜와 배움
⑤		니아 오페 세 은크로푸 예마 워 노, 예 싸 아라 마 원(운) Nea wope se nkrofoo yema wo no, ye saa ara ma won	남이 당신에게 해주기를 바라는 대로 남에게 해주라.

'쿤틴칸탄'은 자기중심주의에 대한 경고를 나타내는 상징이다. "나는 뽐내지 않는다."라는 의미를 담고 있다.

'아코코 난'은 암탉의 발을 형상화한 것으로 부모의 마음을 나타낸다. 아프리카에는 "암탉은 병아리들을 밟지 않도록 조심해서 걷기 때문에 자기 병아리들을 죽이지 않는다."라는 속담이 있다.

'아코코 난' 상징은 바로 이러한 암탉의 모성 본능을 표현한다.

'산코파'는 산코파 새에서 그 이미지를 따왔다. 'Sankofa'에서 'san'은 "돌아오다."를 'ko'는 "가다.", 'fa'는 "잡다."를 뜻한다. 산코파는 아프리카 대륙이 독립한 후 수십 년에 걸쳐 아프리카인들이 경험해 온 정신적·문화적 자각을 상징한다. 이 상징에서 산코파 새는 머리를 뒤로 돌리고 긴 부리를 꼬리 쪽으로 향하고 있다. 아칸인들은 산코파 새의 이러한 행동을 지식 탐구 혹은 과거 반추의 모습을 상징화하는 데 사용했다.

'자님멘'에서 'odwennini'는 숫양을, 'mmen'은 뿔을 형상화한 것이다. 아칸족은 숫양을 매우 우아하면서도 멋진 뿔을 갖고 있는 강한 동물로 여긴다. 따라서 그들에게 있어서 숫양의 뿔이란 보호와 생존을 의미한다. 대체로 아칸족이 강인함을 언급할 때 육체의 강인함은 물론 마음과 영혼의 강인함까지도 포괄한다.

'니아 오페 세 은크로푸 예마 워 노, 예 싸 아라 마 원(운)'은 다음의 성서구절을 의미한다. "다른 사람들이 너에게 대접하기를 원하는 대로 너는 다른 사람들을 대접하라." 사실 아딘크라가 세상에 알려지기 시작한 것은 19세기라고 하지만, 그 형성 시기는 알 수가 없다. 따라서 아딘크라가 먼저인지 성서가 먼저인지, 혹은 기독교가 전파된 후에 만들어진 것인지 알 수가 없다. 그 시기에 대한 논의보다는 사유체계를 상징화한 아칸족의 독창성에 주목해야 할 것이다.

3 사랑과 우정의 의미를 담고 있는 아딘크라

	심벌	이름	의미
①		아코마 Akoma	인내, 참을성 사랑과 신뢰
②		오스람 네 은소로마 (오스람 넨소로마) Osram ne Nsoroma	사랑, 충실함 도타운 사랑
③		오도 녜라 피에 콴 (오돈녜라 피에 콴) Odo nyera fie kwan	사랑은 집으로 가는 길을 잃어버리지 않는다. 사랑의 축복
④		케테 파 Kete pa	편한 잠자리 행복한 결혼 사랑과 신뢰
⑤		에세 니 테크레마 Ese ne tekrama	우정, 상호의존 진보, 발전, 통합의 힘

'아코마'는 육체의 심장이 아닌 영혼의 심장을 말한다. 만일 아칸 사람이 누군가에 "내 심장은 네 안에 있다."라고 말한다면, 이는 "나는 당신을 사랑한다."를 의미하는 것이다. 파생 상징으로 '아카 메 아코마(Aka me akoma)' 또는 '아카마코마(aka m'akoma)'는 "어떤 특정한 디자인을 좋아한다."는 것이다.

'오스람 네 은소로마(오스람 넨소로마)'는 달과 별을 상징한다. 흔히 달은 여성성을 상징한다. 따라서 오스람 네 은소로마는 여성이 지녀야 할 여러 덕목 중에서 '신중함'을 의미하기도 한다. 오스람 네 은소로마는 다른 아딘크라 상징 '오스람 ◡'의 파생 상징이다. 오스람은 단지 달만을 상징한다고 할 때, 오스람 네 은소로마는 별을 덧붙여 남성과 여성 사이의 조화로움을 이야기한다. 이때 '오스람'은 인내심, 이해심, 혹은 신뢰를 나타낸다. 여기에서 아칸인들이 말하는 신뢰란 희망을 근거로 하는 믿음이다. 또 아칸족들이 말하는 인내심에는 신뢰, 희망, 지혜, 사랑 등이 내포되어 있는 복합적인 의미를 지닌다.

'odo, 사랑', 'nnyew/nyera, 결코 잃지 않는다', 'fie, 집', 'okwam/kwam, 길'의 합성어인 '오도 니예라 피에 콴'은 아칸의 속담 "사랑하는 사람은 사랑하는 사람의 집으로 가는 길을 잃지 않는다."로 설명 가능하다. 따라서 '오도 니예라 피에 콴'은 "사랑은 집으로 돌아가는 길을 결코 잃지 않는다."로 해석된다. 이 상징은 헌신을 뜻하기도 한다. 아칸족에게 헌신은 부부 혹은 연인 사이의 강한 유대감까지 내포하는 개념이다.

'케테 파'는 잠을 잘 때 사용하는 이부자리에서 그 이미지를 가져온 듯하다. 일상용품에서 그대로 그 형상을 따와 긍정적 의미를 부여하여 만든 아딘크라 상징의 예라 할 수 있다.

'에세 네 테크레마'에서 'tekrema'는 혀를, 'se'는 치아를 의미한다. 이 상징은 혀와 치아를, 특히 아이의 치아 모양을 형상한 것이다. 아칸 사회에서 아이의 치아 모양은 아이의 발전에 있어 진보의 표시이자 성장의 표시인 것이다. 따라서 이 상징은 개인의 성장과 향상이 아프리카 사회에서 매우 중요하게 여겨졌음을 보여준다.

4 인생의 의미를 담고 있는 아딘크라

	심벌	이름	의미
①		파판토 Fafanto	다정함 온화함
②		우워(오워) 아체디에 Owuo Atwedee	죽음, 인간의 궁극적 숙명 반드시 죽는 인간의 본질
③		파우후디에 Fawohudie	자유
④		크라모보네 Kramobone	위선에 대한 경고
⑤		은친침 (Nkyinkyim)	많은 역할 수행하기 자주성, 강인함, 단호함 적응

'파판토(나비)'는 상냥함과 부드러움, 아름다움과 연약함을 상징한다. 나비는 아주 우아하지만 연약한 생명체다. 아칸족은 인간을 이러한 연약한 나비에 비유한다. 아칸족에게는 이와 관련된 속담이 있다. "나비는 야자술 단지 주변을 날 수는 있지만 그것을 살 여유가 없기 때문에 마실 수는 없을 것이다." 아칸인들은 이 속담을 단지 술을 살 돈이 없어서 마시지 못한다는 의미로만 해석하지 않는다. '술이 풍부하기 때문에 사러 가지 않

는 것'이라는 것을 뜻하기도 한다.

'우워(오워) 아체디에'는 죽음의 사다리를 뜻한다. 사다리의 각 단은 인생의 무대를 의미한다. 죽음은 바로 사다리의 마지막 단이다. 그렇지만 죽음은 아칸인들을 비롯해서 대부분 아프리카 종교에서는 하나의 삶에서 다른 삶으로의 이동을 뜻한다. 특히 "아칸족의 우주론에서 죽음은 가시적인 것/비가시적인 것, 현재/미래 사이의 공간이며, 육체의 죽음은 존재의 마지막이 아니다. 인간의 육체는 본질적으로 압축된 정령이기 때문이다."[3]

아딘크라 상징의 표기법에는 약간씩 다른 것들이 있다. '파우후디에' 혹은 '파요호디에'가 한 예다. 이는 그 기원이나 유래가 정확하지 않고, 또 구전으로 전해지고 있는 상징의 명명에 근거하고 있어 어느 정도 수용해야 할 부분이다. 파후디에는 그 문양에도 약간의 차이가 있다. 또한 이 상징이 어디서 유래한 것인가에 대한 자세한 설명도 아직은 덧붙일 수가 없다. 이처럼 아딘크라의 연구가 계속되어야 하고 아직도 진행 중이어야 하는 이유가 여기에 있다.

'크라모 보네'는 본래 '크라모 보네 아마 예아누 크라모 파(Kramo Bone amma yeanhu kramo pa)'라는 긴 문장의 이름을 지닌 아딘크라다. 이는 "거짓된 무슬림과 천재는 위선적이라는 점에서 닮아 있다."라는 의미로, "우리는 진실 밖에서 더

3) Bruce W. Willis, *The Adinkra Dictionary*, The Pyramid Complex, 1998, p.183.

나은 것을 배운다."라는 아칸 속담과 관련된다. 특이하게도 이 상징은 특정한 종교를 빗대어 상징화되었다. 실상 그 의미가 부정적이든 긍정적이든 어떤 특정 종교를 나타내거나 언급하는 것은 아딘크라에서는 드문 예라 할 수 있다. 기독교인이 절반 이상을 차지하며, 이슬람교도가 16% 정도에 불과한 가나에서 이 상징은 이 나라에 기독교가 전파된 이후 만들어진 아딘크라라고 추측해 볼 수도 있다.

'은친침'은 꼬여있는 끈을 형상화한 것이다. 이것은 인간이 여러 상황에 맞추어서 적절하게 대처하는 적응력을, 혹은 어려움을 뚫고 나가는 강인함을 상징하기도 한다. 이는 융통성 없이 그저 고집스럽게 자신의 의지를 밀고 나가는 것을 의미하는 것이 아니라, 일의 형태에 따라 적절하고 지혜롭게 전략을 바꿀 수도 있는 유연성을 의미한다. 이처럼 아칸족들은 어떠한 어려운 상황에 처할 경우에도 이에 유연하게 대처하고 적응하는 능력을 지닌 인간에게 특별한 존경심과 경외심을 보이는 종족이다. 아딘크라 상징에서는 지식과 관련된 상징을 발견하기 힘들다. 이는 그들의 삶에 있어서는 지혜가 지식보다 더 중요하고 가치가 있음을 보여주는 증거이다.

지금까지 아딘크라 상징을 네 개의 범주로 분류해 보았다. 하지만 아딘크라 상징은 이보다 더 많은 범주로 나누어 살펴볼 수 있으며 새로운 범주로 나누어 분석해 볼 수도 있다. 아칸족의 아딘크라 상징은 문자 언어만큼이나 다양하고 변화와 확대가 가능한 내연을 지니고 있다. 문자 언어로는 장황하게 표현해야 하는 사실이나 상황을 아딘크라는 단 하나의 상징으로 나타내며, 상징 언어로의 역할을 수행하고 있기 때문이다. 이러한 점은 상징이 문자 언어가 지니고 있는 의미의 범주보다 유연하며, 아딘크라 상징을 포함해서 대부분의 상징들이 지니고 있는 흥미롭고 독특한 특징을 증명하는 것이라 할 수 있다.

이러한 맥락에서 아딘크라 상징은 도형에 속하지만 단순한 의미전달의 수단을 넘어서서 아칸족들의, 더 넓게는 아프리카인들의 철학과 삶의 고뇌와 성찰을 엿볼 수 있는 언어 이상의 의미를 지닌다. 따라서 아딘크라는 문자 언어가 갖는 역할의 한계를 뛰어넘는 것이며 문자와는 변별되는 기록의 도구라고 할 수 있다.

아딘크라 상징의 의미 확장성과 그 활용

아딘크라 상징이 지닌 의미들은 순수하게 구두로 전해진 것이다. 그렇기에 아딘크라 상징은 '문자표기'와는 다른 방식의 고유한 용어와 개념을 지니고 있다. 이미지와 구술로 이루어지고 후에 쓰기로 형성된 것이기 때문에 아딘크라는 영구히 고정되지 않고 원형으로부터 끊임없이 파생되고 확장된다. 이 상징은 모든 의미를 함축적으로 지니고 있으므로, 역으로 상징의 이미지를 통한 연상 작용으로 의미의 유추와 설명도 가능하다. 이제부터 아딘크라 의미의 확장성에 주목해보도록 하자.

첫 번째로 '오쿠아포 파 ⚘'를 예로 들자면, 이는 '좋은 농부'를 의미한다. 일차적으로는 농부지만, 그 파생된 의미로는 힘든 일, 기업가 정신, 근면 혹은 산업, 생산성 등 다양한 개념들로 확장된다. 힘든 일과 농부는 직접적으로 연관된 의미로 이어질 수 있으나, 기업가 정신, 산업 등은 근대화와 더불어 경제 개념의 범주에서 확장된 것이라 할 수 있겠다. 이러한 사실은 상징 '오쿠아포 파'가 경제 범주와 관련된 또 다른 의미로 확장 가능성이 있음을 증명한다. 더불어 '오쿠아포 파'는 "선량하고 근면한 농부는 자신의 농장이 아무리 크더라도 그 모든 농지를 스스로 돌보아야 한다."라는 격언과도 연관성이 있다.

두 번째 예로는 '은싸 ⌘'로, 손으로 짠 직물인 담요의 명칭이 아딘크라 상징의 이름으로 그대로 사용되었다. 즉 일상용품인 직물 은싸를 그대로 상징화한 것이다. '은싸'는 뛰어남, 진짜, 진정성 등을 의미한다. '은싸'와 관련하여 "은싸를 아는 사람이라면 낡은 것이라 할지라도 살 것이다."라는 말이 있다. 이는 은싸가 매우 가치 있는 물건이라는 사실을 반증하는 것이다. 여기서 은싸를 직조하는 장인의 솜씨와 그 결과물인 은싸를 통해 뛰어남, 진짜, 진정성 등과 같은 의미들이 파생된 것이라 하겠다. 이러한 과정을 도식화하면 다음과 같다.

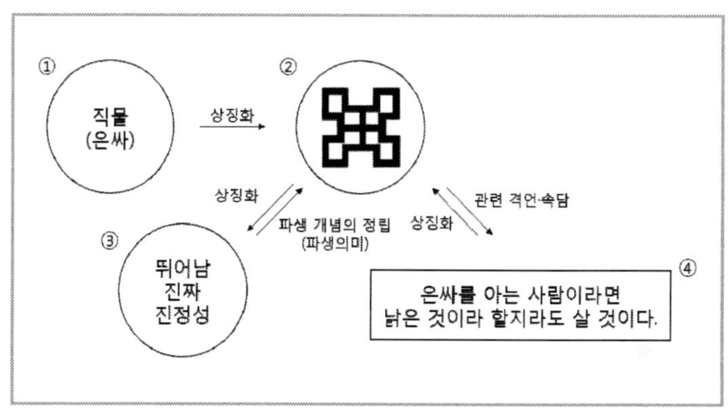

▌도식▐ 은싸 상징화 개념도

도식에서 ①번에는 '은싸' 외에도 상징화할 수 있는 모든 것들이 들어갈 수 있다. 즉, 인간, 사물, 관념적 세계까지도 대상이 된다. 이것들을 아딘크라 상징(②)으로 만들고, 이를 통해 파생 개념을 문자화하는 것(③)이다. ④번의 경우는 ④번 그 자체가 ①에 속할 수도 있고, 그것을 통해 ②가 만들어질 수도 있다.

그런데 아딘크라에서 ③, ④의 경우는 구태여 문자화할 필요가 없다. 이는 이 문화 밖에 살고 있는 사람들을 위해 후에 발생한 과정이라 하겠다. 그렇지만 문자화된 후에 아딘크라의 개념은 더욱 확장되어 나간다. 아딘크라는 구술문화의 유연성과 변이, 문자문화의 기록과 저장의 특성을 모두 지닌다. 그러나 가나 문화 자체에서도 문자문화의 유입과 확산으로 인해 아딘크라 상징들 중 그 명확한 의미를 잃어버리고 사라져가는 것들이 있다. 아딘크라가 문자를 대신해서 의미전달의 수단으로 현재보다 좀 더 빈번하게 사용될 당시에는 400여개의 아딘크라 상징들의 의미가 모두 살아 있었을 것이다. 그러나 문자문화의 도래 이후 아딘크라의 기능은 점점 상실되고, 그 가운데 구술로 기록되어 남겨진 것이 150여개, 또 그 가운데서도 60여개 정도가 기록으로 출판되어 남아있을 뿐이다.

그럼에도 남아 있는 아딘크라를 통해 여전히 그 의미의 전개와 확산을 발견할 수 있고, 또한 원형에서 파생되어 나온 아딘크라의 다른 버전을 통해 아딘크라의 진화와 발전의 가능성이 여전히 남아있음을 확인할 수 있다. 이 가능성은 현대에도 아딘크라 상징이 여러 분야에서 다양하게 활용되고 있다는 사실로 다시 한 번 확인할 수 있다.

이상의 간략한 소개를 통해 아딘크라는 단순히 가나의 아칸족의 삶뿐만 아니라 아프리카인 전체의 정신을 담고 있고, 그것의 의미는 아프리카에만 국한된 것이 아니라는 사실을 발견할 수 있다. 그러나 아직도 밝혀지지 않은 아딘크라 상징의 의미와 그 내용의 발견, 그리고 분석에 있어서는 여전히 지속적인 연구가 필요하다.

… 조지숙

아칸족과 아샨티족

아칸족과 아샨티족

아칸족

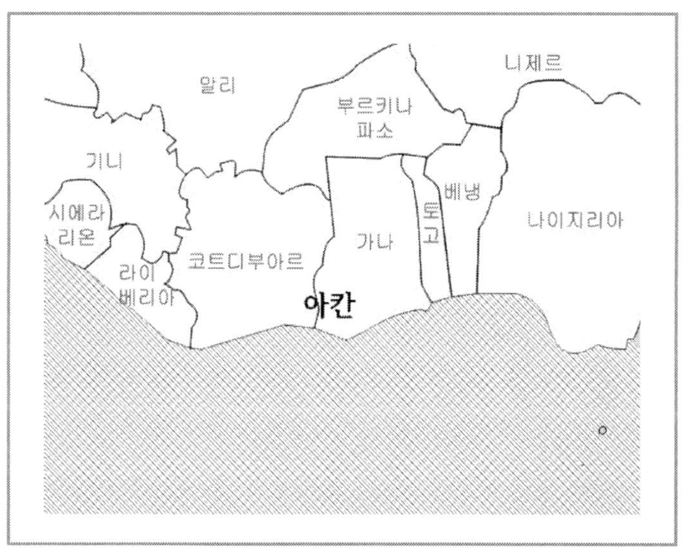

'아샨티'족의 모족(母族)인 '아칸'족은 아프리카 서안 가나 남부를 중심으로 토고에서 코트디부아르의 동부 지역에 흩어져

살고 있으며 아칸어를 사용한다. 11~18세기의 잇따른 대 이주를 통해서 정착했고, 주요 식용작물로 플랜틴, 타로, 토란 등이 큰 비중을 차지한다. 1474년 포르투갈의 탐험가들이 도착할 때까지 여러 부족으로 이루어진 아칸족은 각기 독립된 왕국을 이루고 있었다. 이 지역에는 금이 풍부하였으므로 포르투갈사람들은 이 지역을 황금 해안이라는 뜻의 '코트 드 로르(Côte de l'Or 골드 코스트)'라고 불렀다. 아칸족은 아프리카대륙에서 훌륭한 예술가로도 유명한데, 금세공품은 물론 금의 무게를 재는 다양한 분동과 함께 마스크, 의자, 인형 등의 목공예도 발달하였다. 금은 권력의 상징으로 왕은 옷과 보석, 왕관 등에 금장식을 하였다.

아칸족 사회의 정치적 기본 단위는 외혼제 모계 혈통의 씨족으로, 대부분이 작은 부락을 형성하고 부락은 다시 여러 세대로 구성된 확대가족들이 사는 공동거주지로 나누어진다.

부락은 하나의 정치 단위로서 한 혈통집단에서 선출된 추장과 각 혈통집단의 우두머리로 이루어진 장로회의 지배를 받는다. 혈통집단의 우두머리는 조상의 영혼과 그 후손을 결합하는 상징물인 대(臺) 모양의 의자를 보관한다. 혈통집단마다 고유의 신을 받들며, 동일한 집단에 속하는 사람들은 강한 공동책임의식을 갖고 있다. 모계를 통해 재산상속 · 지위계승 · 토지소유가 이루어지지만 부계혈통도 인정한다. 부계는 일정한 금기와 성(姓),

예법, 종교적인 정화의식을 함께 하는 집단인 ‘은토로(ntoro)’에 갈 수 있는 자격 등을 결정하는 기준으로 작용한다.

종교의 중심은 조상숭배로서 조상에 대한 제사가 부족의 단결과 도덕성을 강화하는 데 기여한다. 우주를 창조한 최고신과 그 밖의 하위 신 및 혼령들에 대한 숭배에 바탕을 둔 종교의식도 이루어지고 있다.

아샨티족

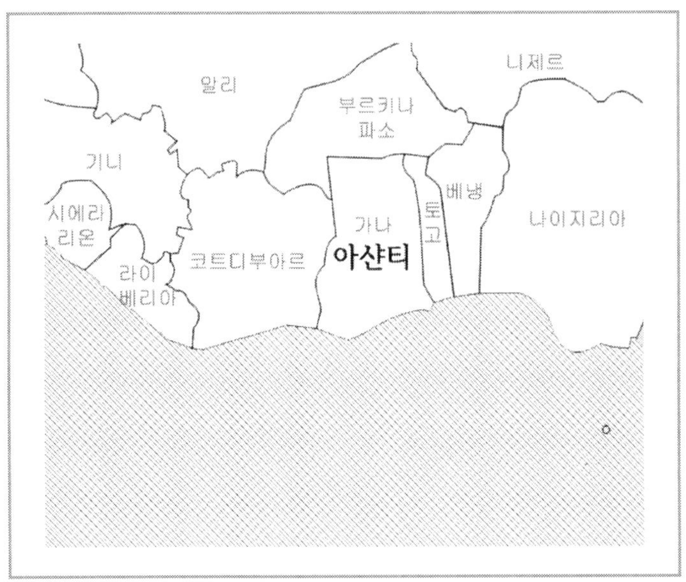

'아칸'족을 모족(母族)으로 하고 있는 '아샨티'족은 서아프리카 가나 남부의 삼림지대에 거주하며 18~19세기에 그곳에서 정치적 지배권을 행사하였다. 모계제 친족집단을 바탕으로 연합 왕국을 구성했던 아샨티 왕국은 15세기말 경에 '코트 드 로르' 지역에 건립되었다. 1471년 포르투갈인들이 '황금해안'에 도착한 이후 노예 및 금 무역을 실시하면서, 황금해안은 유럽인들의 탐욕의 대상이 되었고, 결국 유럽 정치권이 벌인 군사작전의 여파는 코트디부아르에서부터 베냉 중심지에 이르는 거대한 공간에 여러 부족들의 다양한 이주현상을 초래하였다. 18세기부터 2세기에 걸쳐 진행된 이주는 1895~1896년 영국의 정복으로 마침표를 찍었다.

1817년 영국 최초의 탐험가 토마스 보드위치(Thomas Bodwich)가 '오세이 쿠와미나(Osei Kwamina)' 왕조 시절, 처음 쿠마시(Kumasi)[4]를 발견했을 당시, 아샨티 왕국에는 무기로 무장한 전투사들과 금으로 치장한 왕이 약 백만 명 정도의 주민과 살고 있었다. 1850년 이후부터 영국과 아샨티족과의 갈등이 증폭되어 여러 차례의 전쟁을 치렀고 결국 1896년, 아샨티 왕은 추방되었다. 하지만 아샨티족의 독립자치주의는 계속되었고, 1935년, '아샨티 연방'은 복원되었다. 이는 1956년 가나 독립으로 이어졌다.

아샨티족의 힘은 유연한 정치구조에 근거한다. 일종의 연방정치 구조로서 각 지역은 상당한 자율권을 지니되, 아샨티족 전체를 하나의 공동체로 묶는 바탕에는 종교적 믿음이 있다. 왕국의 시조 '오세이 투투(Osei Tutu)'는 폭풍우 속에서 갑자기 갈라진 하늘로부터 권력을 보장하는 황금 의자를 받았다고 전해

4) 쿠마시는 가나 중부에 위치한 오늘날 아샨티 주(洲)의 주요 도시로, 아름다운 꽃들과 다양한 식물종들로 인해 '가나의 정원'이라고 불린다. 가나의 수도 아크라 다음으로 큰 도시이다.

진다. 이 의자는 조상들의 고귀한 영혼과 전체 아샨티 민족의 영혼을 모시는 성소가 되었다. 아샨티족 중에는 그리스도교나 이슬람교로 개종한 사람들도 있지만, 경외의 대상인 신성한 절대자에 대한 믿음, 신과 영혼, 선조의 영혼이 불멸한다는 믿음 등에 기초를 둔 전통적인 종교가 여전히 그들의 세계관 속에서 중요한 위치를 차지한다.

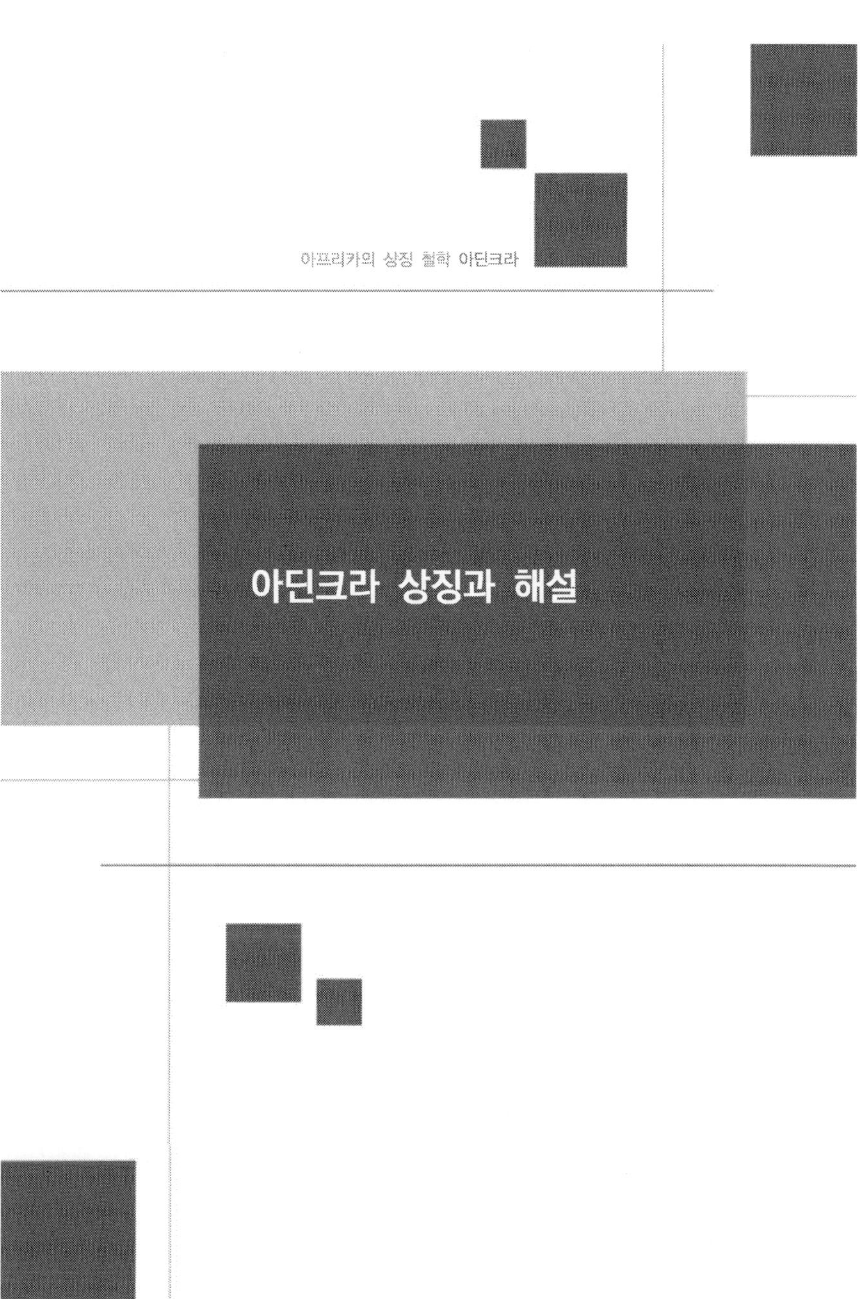

아딘크라 상징과 해설

난티 이에 Nante Yie

유래	상징의미
작별 인사	작별 인사, 성공의 기원, 안전한 여행의 기원

아딘크라 관련 이야기

아칸족의 세계관 아딘크라

아딘크라 상징들 중 일부는 최소 200년 이전부터 사용되었다. 모든 아딘크라 상징은 각각 고유한 이름과 의미를 가지고 있다. 아칸족은 아딘크라 문양을 만들 때 격언, 속담, 역사적 사건, 동물과 사물의 특징 등 일상적인 삶의 경험 전반에서 영감을 얻었다. 그 결과 아딘크라 상징은 아칸족의 전통적, 사회적, 정신적 문화를 반영하고 있다.

아딘크라에는 아칸 민족의 역사, 문화적 관습, 공동의 가치 그리고 사회적 행동강령이 반영되어 있기도 하고, 신의 개념, 삶에 대한 태도, 죽음 등과 관련된 아칸족의 지혜가 담겨있기도 하다. 이러한 관점에서 아딘크라 상징은 아칸족의 세계관을 담고 있다.

누쿠레 Nokore

유래	상징의미
미상	진실성

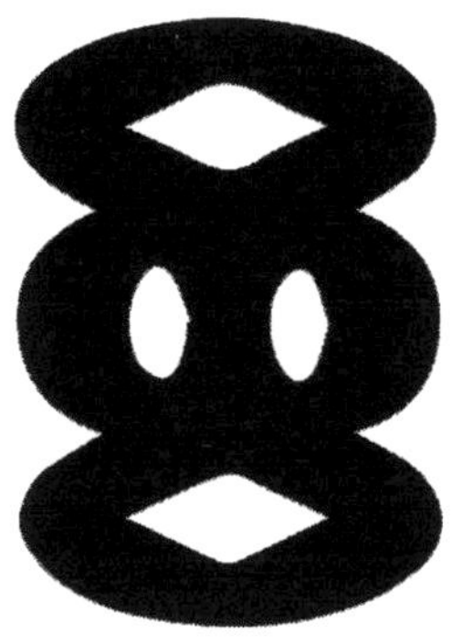

아딘크라 관련 이야기

아딘크라 명칭의 의미 구조

아딘크라(Adinkra)는 세 가지 의미가 결합되어 있는 표현이다. '아(a)'는 아칸어에서 추상명사에 사용하는 접두사이고, '디(di)'는 '활용하다' 혹은 '이용하다', '은크라(Nkra)'는 각 개인의 영혼이 땅에서 떠나면서 신으로부터 받은 지능 혹은 메시지를 의미한다. ('kra'는 '영혼'이라는 의미의 트위어이다.) '디'와 '은크라'는 함께 쓰이면 '갈라놓다, 인연이 끊어지다, 누군가를 떠나다, 작별인사를 하다'의 뜻을 가진다. 그러므로 아딘크라는 세상을 하직할 때 영혼이 가지고 가는 메시지이며, 동시에 누군가에게 하는 작별 인사의 표현이 된다.

니아 오페세 은크로푸 예 마 워 노, 예 싸아 아라 마 운

Nea wope se nkrofoo ye ma wo no, ye saa ara ma won

유래	상징의미
네가 그들에게 원하는 것을 그들에게 행하라.	정의

 **해설**

이 상징은 "다른 사람들이 너에게 해주기를 바라는 것을 남에게 행하라."라는 아칸 격언에서 유래한다.

아딘크라 관련 이야기

아딘크라의 원형 상징들

아딘크라에는 일련의 '원형' 상징들이 있다. 이 '원형' 상징들은 오랜 세월동안 주기적으로 추가되고, 양식화되었다. 원형 상징들은 약간의 변형을 거치거나 서로 결합하여 새로운 상징을 만들어내기도 한다. 그렇기 때문에 아딘크라는 계속해서 진화하고 확장되며, 끊임없이 새로운 상징들이 만들어진다. 오늘날 400여 개로 추정되는 아딘크라 상징 전체의 개수는 정확하게 확인할 수 없다.

니아 운님 누 쉬아 아 우 Nea Onnim No Sua a Ohu

유래	상징의미
혼자서 모든 것을 다 알 수는 없다.	지식의 추구와 평생 배움을 추구함

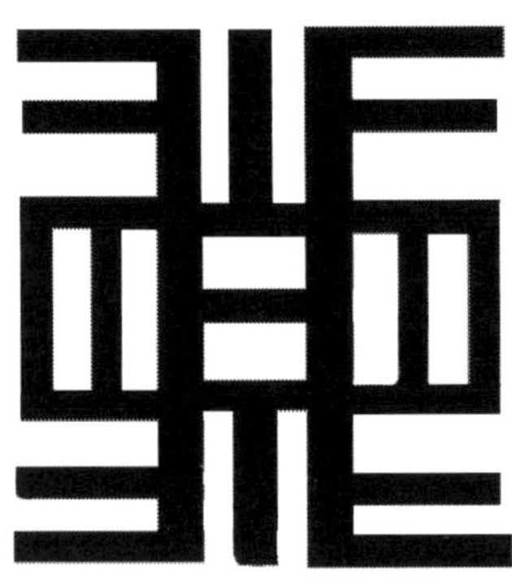

아딘크라 관련 이야기

아딘크라와 장례 문화

아딘크라는 원래 장례식과 관련된 가장 중요한 예술 양식이었다. 아칸족의 문화와 전통에서 예술은 매우 중요한 부분을 차지한다. 처음에 장례식에서 죽은 자를 추도하는 용도로 사용되던 아딘크라는 점차 애도의 표현 예술이라는 영역을 넘어서, 아칸족의 전통적 풍습과 특별한 공동의 가치, 철학적 개념, 행동강령, 그리고 사회적 기준을 반영하게 되었다. 그것은 아딘크라 상징이 고정된 의미를 전달하는 기호가 아니라 다층적 의미와 다양한 해석의 층을 가지고 있는 철학적 상징이기 때문에 가능한 것이었다.

니야 오페 세 오베디 헤네

Nea Wope Se Obedi Hene

유래	상징의미
왕이 되고자 하는 자	리더십과 봉사

 **해설**

이 상징은 "장래에 왕이 되고자하는 자는 먼저 봉사하는 것을 배워야 한다."는 아칸 격언에서 유래한다.

아딘크라 관련 이야기

아칸족의 신들과 아딘크라

아칸족의 신의 계급체계는 최고신 '은야메(Nyame)'와 최고신 아래의 정령들 '아보솜(Abosom)', 그리고 조상신 '나나놈 은사만포(Nananom Nsamanfo)'로 구성된다.

여러 신들 중에서 조상신은 아칸족의 삶에서 특별한 의미를 갖는 신이다. 왜냐하면 조상신들은 자신들과 삶을 공유했던 가장 밀접한 존재들이었고, 혈연관계에 의해서 자신들을 직접적으로 보호해 주는 존재였기 때문이다.

아칸족에게 죽음은 단순한 생명의 소멸이 아니라 가족을 위한 조상신이 되는 통과의례이고, 장례절차는 죽은 자가 조상신의 반열에 들어가는 의식이다. 조상신으로의 인정과 승인은 장례의식에 의해 이루어진다. 그러므로 장례 예술은 아칸 사회의 종교관과 정신세계가 결합된 구조의 표현이며, 동시에 이를 영구 보존하는 방법의 일부이다. 아칸의 장례식은 매장의식 절차와 애도기간을 포함하는데, 장례 절차의 실행과 애도기간 동안에는 아딘크라 문양이 새겨진 의상을 입는다.

다메다메 Damedame

유래	상징의미
체크보드 게임	지혜, 독창성, 전략, 이원성과 통합

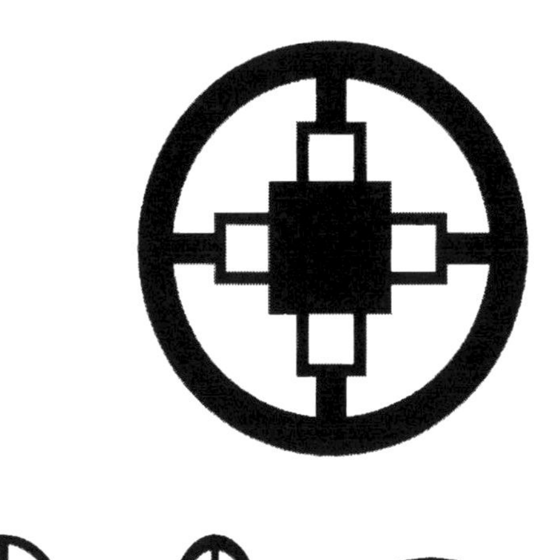

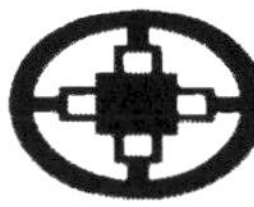
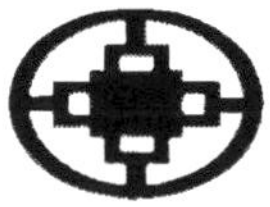

해설

'다메다메'는 수백 년 전 '기야만(Gyaman)'지역을 통치했던 아딘크라 왕의 치세 기간에 기원했다고 전해지는 일종의 체크보드 게임이다. '다메다메 의자'로 불리는 게임용 보드는 기야만 민족에게 특별한 의미를 갖는다. 다메다메 보드는 흑백의 두 가지 색으로 칠해져 있는데, 이것은 긍정과 부정, 남성과 여성 등 인생의 양면성을 의미한다. 양면성은 다메다메 게임의 핵심 개념이다. 다메다메 게임의 구조는 인생의 이원성이라는 원리로 이뤄져 있기 때문에, 게임에서 승리하기 위해서는 전략과 지혜를 필요로 한다.

아딘크라 상징 다메다메는 좁은 의미로는 전략의 사용 또는 독창성의 발휘를 의미한다. 넓은 의미에서의 다메다메 상징은 삶을 이끌어가고 만들어 가는 원동력으로서의 이원성과 통합의 원칙을 의미한다.

다메다메 게임

도노 Dono

유래	상징의미
북	호출, 찬양, 친선, 리듬

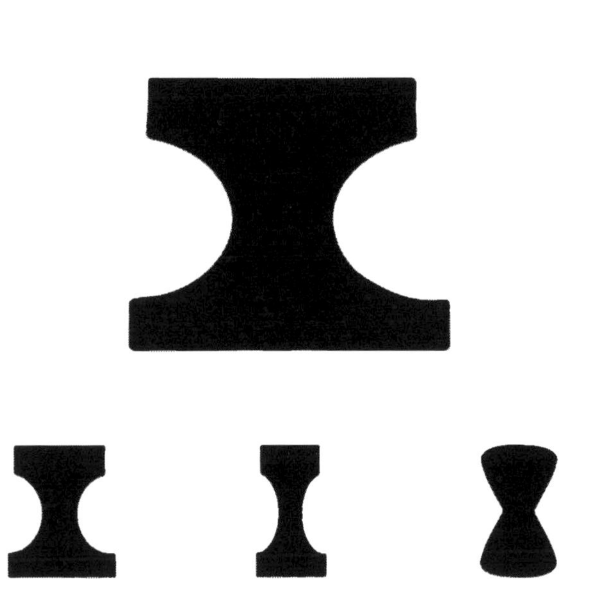

해설

'도노'는 양면에 가죽을 씌운 모래시계 모양의 작은 북이다. 도노는 연주자가 겨드랑이에 끼고 'ㄱ'자 모양의 북채로 두드려서 연주한다. 북의 양쪽 면의 가죽은 끈으로 연결되어 있다. 연주를 할 때는 연주자가 북을 겨드랑이에 끼고 팔로 눌러서 끈의 강도를 조절하는데, 끈의 강도에 따라 북소리가 달라진다. 북을 조이는 팔의 강도와 두드리는 북채의 강도에 따라 북소리와 톤이 다양하게 변화한다. 숙련된 연주자는 도노의 소리와 톤을 매우 창의적으로 변화시킨다. 도노는 사람의 목소리와 유사한 소리를 낼 수도 있다. 그래서 종종 이 북을 '말하는 북'이라 부르기도 한다.

도노는 흔히 시상을 표현하거나, 노래나 헌사에서 사람들의 선행이나 행동을 찬양할 때 사용되는데, 찬양의 내용은 주로 왕이나 조상, 또는 존경받을 만한 국민에 대한 것이다.

도노는 '음핀틴(mpintin)'이라 불리는 행진악대에서 사용하는 악기들 중의 하나이다.

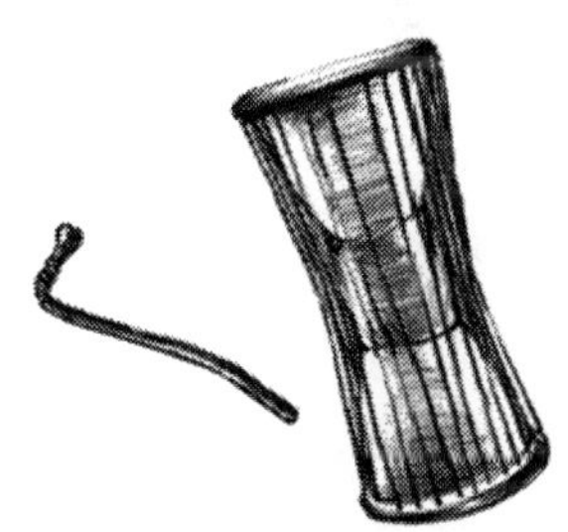

도노

도논토아소 Dono Ntoaso

유래	상징의미
결합된 북	연합 행동, 민첩성, 선의, 찬양, 기쁜 웃음소리, 능숙함, 용기, 힘

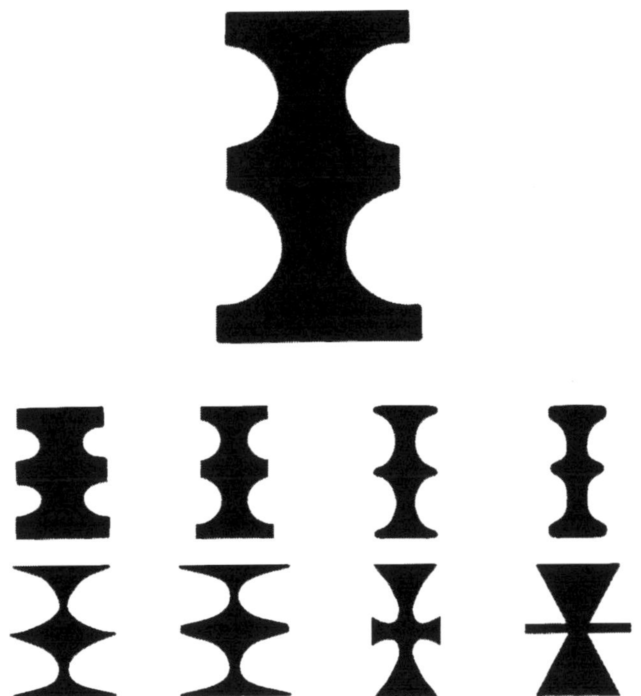

해설

아칸어로 '은토아소'는 "덧붙이다." 또는 "결합하다."라는 뜻의 동사이다. '도논토아소'는 결합된 두 개의 '도노(북)'를 뜻한다.

도논토아소는 도노의 다른 버전으로, 일차적으로 단일한 '도노'의 의미를 확대시키고 확장시키는 의미를 갖는다. 더 나아가 도논토아소는 한 사람이 다른 사람에게 바치는 헌사나 찬양을 확장하고 강조하는 의미를 담고 있다. 이때의 의미는 고정된 것이 아니라 훨씬 넓은 범위의 상징적인 것이 된다.

이 상징은 '은논노와(Nnonnowa)'라고 하기도 하는데, 이때는 '용기', '힘'의 의미로 사용된다.

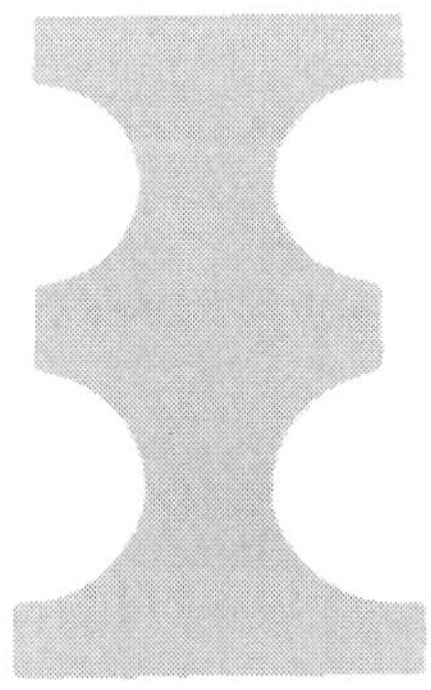

뒤아페 Duafe

유래	상징의미
나무 빗	여성적 배려, 훌륭한 여성성, 인내심, 신중함, 애정, 사랑과 보살핌 등 여성과 연관된 사항들

해설

'뒤아페'는 여성과 관련된 좋은 것들을 상징한다. 뒤아페는 아칸족 여인들의 소유물 중 가장 소중한 보물이었다. 빗은 여성들이 머리를 손질하기 위해 사용하는 물건인데, 잘 관리한 머리는 곧 여성다움의 척도가 된다. 즉 여성들의 헤어스타일은 곧 여성성의 징표이다.

따라서 뒤아페 상징은 모성애, 신중함, 배려하는 마음 등 여성다움을 구성하는 여성적 원칙들을 의미한다.

마코/마코니나 Mako/Mako Nyinaa

유래	상징의미
후추	불평등한 기회, 일정하지 않은 발전

 **해설**

'마코'는 후추 씨를 형상화한 것으로 아칸 격언 "Mako nyinaa mpatu mmerɛ" 즉 "같은 나무에 달려있는 모든 후추

가 동시에 익는 것은 아니다."가 줄어서 된 표현이다. 그래서 '마코', 또는 '마코니나'라 부른다. 이 격언은 부유한 사람은 자신보다 불우한 사람들을 도와야 한다는 의미로 사용된다. 더 나아가 부유한 사람은 지금은 도움을 주는 위치에 있지만, 시간이 지나면 상황이 역전되어서 도움을 받는 처지가 될 수도 있다는 의미 또한 내포하고 있다. 아칸족의 표현 "(음)메레 다네(Mmerɛ dane : 시간이 모든 것을 변화 시킨다)."는 사람이 가지고 있는 어떠한 우월하거나 유리한 점도 영원히 지속되지 못한다는 의미를 가지고 있다.

이 상징은 운명에 굴복하지 않으면서 자신의 상황을 나아지게 하기 위해 노력하는 사람들에 대한 격려의 의미로 사용되기도 한다. 위대한 결과를 이뤄낸 사람들은 그 위대함이 결코 도달할 수 없는 불가능한 것이 아니라, 누구나 '도달할 수 있는 것'이라는 사실을 보여준다. 즉 어떤 목표를 이루고자 할 때 누군가가 처음에 앞서나갈 수 있지만, 다른 사람들도 결국에는 따라잡을 수 있다. 후추가 익을 때가 되면 많은 후추 씨들 중에서 몇 개만 먼저 익지만, 시간이 지나면 결국 모든 후추들이 다 익기 때문이고, 마코는 그러한 인간의 인내심과 부단한 노력의 힘을 상징한다.

마테 마씨 Mate Masie

유래	상징의미
내가 들은 것을 기억한다. 이해했다.	순종, 복종, 지식, 지혜

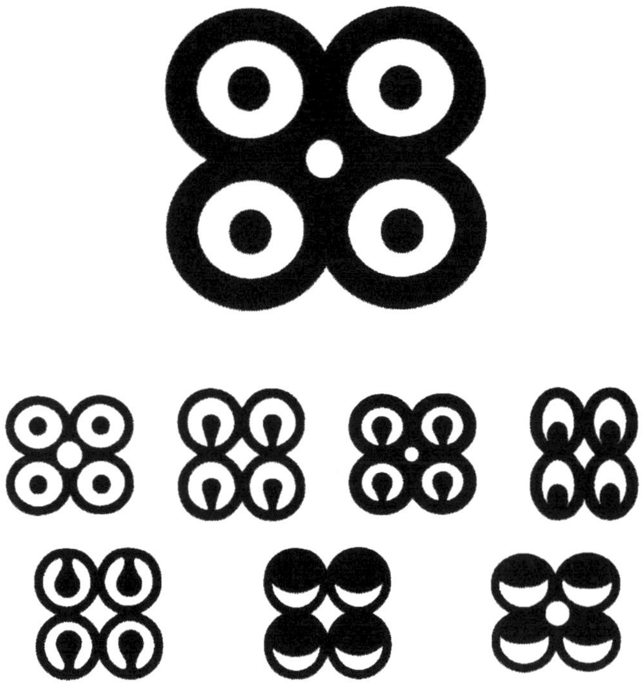

해설

'마테 마씨'는 '은티시에 마테 마시(Ntesie Mate masie)'라고도 한다. 마테 마씨는 다양한 의미를 가진 아딘크라 상징이다. 가장 대표적인 의미는 '다른 사람의 충고를 귀담아 듣고 순종적'이 된다는 것이다.

아칸 사람들은 헤어질 때 "몸조심해라." 또는 "조심해라."라고 말하는데, 이것은 상대방이 나쁜 일이나 해로운 일에 연루되지 않기를 바란다는 뜻이다. 그에 대한 답으로 상대방은 '마테 마씨'라고 한다. 이 말의 뜻은 "만일 내가 너의 가르침(요청)을 듣는다면, 그것을 나의 일부로 만들 것이다. 나는 너의 말을 들었고 너에게 복종하겠다."라는 뜻이다. 즉 '마테 마씨'는 "나는 네가 말한 것을 따르겠다." 또는 "나는 너의 충고를 따르겠다."라는 뜻이다.

마테 마씨는 또한 반드시 귀담아 듣고 기억해야 할 지식과 지혜를 상징하기도 한다. 그래서 마테 마씨는 배움이나 교육과 관련하여 자주 사용된다. 이와 관련된 격언으로 "깊은 지혜란 귀를 기울이고 들은 것을 간직하는 것에서부터 비롯된다."라는 표현이 있다.

메아레 워 Me ware wo

유래	상징의미
너와 결혼하겠다.	약속, 헌신, 인내

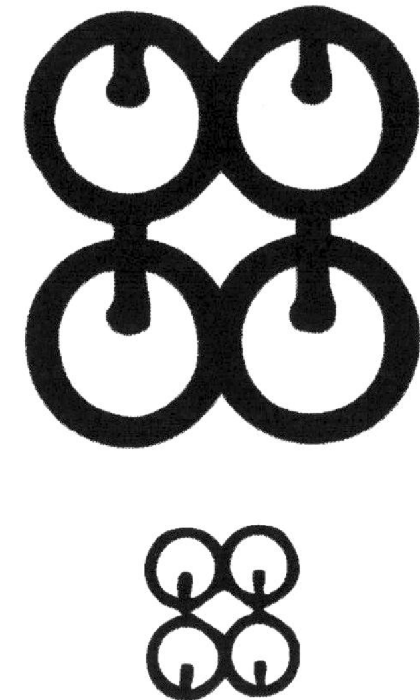

해설

'메아레 워'는 "신혼집을 짓기 위해 반죽을 배합하는 일을 급하게 해서는 안 된다."라는 표현에서 온 상징이다. '사랑하는 사람에게 청혼하는 마음'을 나타내기도 하고, "좋은 일이라도 차분히 인내할 줄 알아야 한다."는 의미를 담기도 한다.

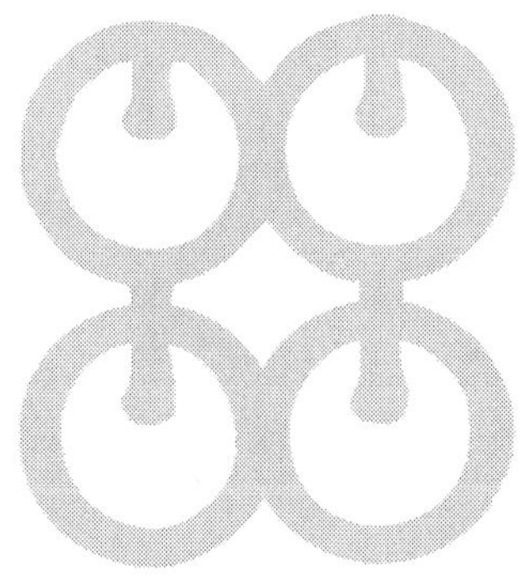

메치아 워 Mekyia Wo

유래	상징의미
당신에게 예를 갖춘다.	인사, 경배

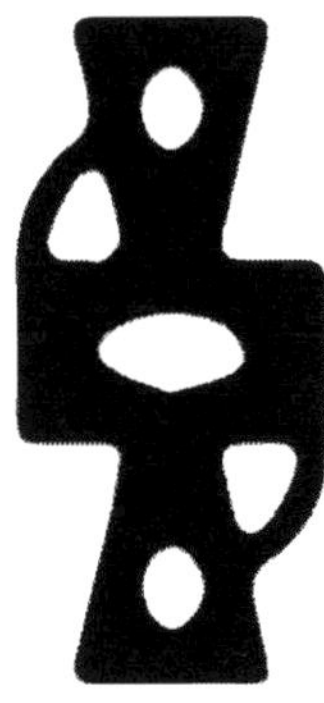

아딘크라 관련 이야기

아딘크라의 기원 – 구전 내용 1

아칸족의 전통 구전 이야기에는 현재의 코트디부아르 쿠마시 지역 북서부에 있던 기야만 왕국의 유명한 왕 코피 아딘크라의 이야기가 전해온다.

구전에 따르면, 아샨티의 왕 '나나 오세이 본수-파닌'은 신성한 권력의 상징인 황금의자를 가지고 있었다. 그런데 아샨티족과 이웃한 기야만의 왕 '코피 아딘크라'가 이 황금의자를 본떠서 유사한 의자를 만들었다. 이것은 아샨티 왕의 권위에 도전하는 것이었다. 아샨티 왕은 격노하여 전쟁을 일으켰는데, 이것이 1818년의 '아샨티-기야만 전쟁'이다. 기야만의 코피 아딘크라 왕은 전쟁에서 패하였는데, 당시 코피 아딘크라 왕은 다양한 문양이 인쇄된 화려한 의상을 입고 있었다. 아샨티 왕 '나나 오세이 본수-파닌'은 예술을 무척 좋아하는 왕이었다. 그는 패배한 기야만 장인들에게 그 디자인과 생산 기술을 아샨티 장인들에게 전수토록 했고, 이 예술을 '아딘크라'라고 불렀다.

멘소 우 켄텐 Menso Wo Kenten

유래	상징의미
나는 너의 바구니를 나르지 않는다.	산업, 경제적 자립

해설

'멘소 우 켄텐'은 "나는 너의 바구니를 나르지 않는다." 라는 문장이 상징의 이름이 되었다. 아칸족에게 바구니는 경제적 상황에 빗대어 많이 언급된다. 유사한 격언으로 "나의 잘못된 결혼으로 인해 내 빈 바구니까지 털어야 했다."라는 표현이 있다.

요컨대 아딘크라 상징 '멘소 우 켄텐'은 "어떠한 일을 겪게 되던지, 사람은 자기 일에만 신경 써야 한다."는 의미를 가지고 있다.

모노요 Mo No Yo

유래	상징의미
축하합니다.	칭찬

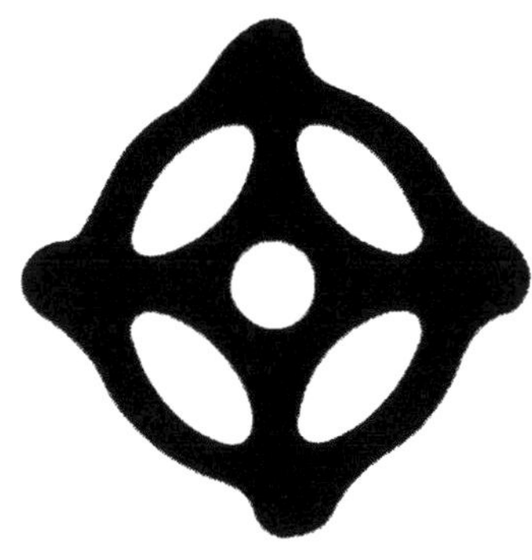

아딘크라 관련 이야기

아딘크라의 기원 - 구전 내용 2

아딘크라 기원에 대한 또 다른 구전 내용이 있는데, 이것은 아샨티 왕국을 건립한 '오세이 투투'의 즉위와 관련된 이야기 속에서 언급된다. 그 이야기에 따르면, 오세이 투투가 즉위할 때 황금 의자가 하늘로부터 내려와 오세이 투투 무릎에 떨어졌는데, 그 의자는 아딘크라 직물로 덮여 있었다는 것이다.

오세이 투투의 즉위와 아샨티 왕국의 설립은 1660년대 말에 일어난 일이다. 그러므로 이 이야기에 따르면 아딘크라가 17세기에 아칸족에게 존재했다는 것을 의미한다.

무쉬이데/크라파 Mmusuyidee/Krapa

유래	상징의미
불운이나 악을 제거하다.	영적 균형, 정화, 희생

해설

'무쉬이데'는 부정적인 것을 피하기 위한 부적을 말한다. 아칸어로 '음무수'는 '나쁜 운' 또는 '저주'의 뜻이고 '이'는 "없애다."라는 뜻이다. 아칸족은 여러 가지 부적을 사용하는데, 부적에는 악의 공격으로부터 보호해주고 그것들을 멈추게 하는 마법적이고 신성한 힘이 있다고 믿었다.

무쉬이데는 기독교의 십자가와 매우 유사한 형태를 띠고 있는데, 이것은 유럽인들의 아프리카 진출과 동시에 전파된 기독교의 영향으로 보인다. 전하는 바에 따르면 아샨티 왕은 잘 때 침대 주변에 이 상징이 찍힌 옷을 놓아두고, 아침에 일어나면 이 옷을 왼쪽 발로 세 번 밟는다. '3'은 아칸 문화에서 신성한 숫자이다.

무쉬이데는 가끔 '크라파(Krapa)'로 불리기도 하는데, 불운을 피하기 위한 영혼의 균형, 행운, 영적 굳건함 등의 의미를 담고 있다. 또한 누군가가 금기시되는 행위를 저질렀을 때, 속죄로써 희생 제물이 바쳐지는 정화의 의미를 가지기도 한다.

무쉬이데는 행운을 가져오기 위해 행해지는 의식의 이름이기도 하다. 나쁜 운을 멀리하고 순수함과 신성함을 강조하는 아칸 격언에는 "고양이처럼 신성하게 행동할 것이며, 오물을 혐오하라."라는 표현이 있다.

베세 사카 Bese Saka

유래	상징의미
콜라 열매 다발	풍족함, 부유함, 도타운 사랑과 통합

해설

콜라는 가나의 주요 무역 품목으로 몇몇 국가들과의 동맹을 유도하기도 했다. 콜라는 야생에서 자라지만 지금은 가나인들에 의해 경작되는 주요 농작물들(카카오, 커피 등) 중 하나다. 콜라 열매는 흥분제로 사하라사막을 종단할 때 배고픔과 목마름의 징후를 완화시켜주는 데 사용되기도 하였다.

가나 북쪽 지역에서, 콜라 열매는 소중하게 여겨져서 종교적 행사에서 사용된다. 때로는 '성령을 위한 음식'으로 제공되기도 한다. 무슬림 사회에서 콜라는 종교 행사의 중요한 부분을 차지한다.

트위어로 '베세(bese)'라 불리는 콜라 열매를 나눈다는 것은 우정과 호의의 신호였다. 따라서 이 열매는 결혼식, 장례식, 세례식에서 사용되었다.

또한 콜라 열매는 가나에서 특별한 선물로 여겨져, 누군가에게 존경을 표시할 때 사용되었다. 콜라 열매는 자연 창조의 우수함과 완벽함을 나타내는 것이기 때문이다.

아딘크라 관련 이야기

콜라와 아프리카

콜라는 아프리카의 많은 지역의 문화에 깊게 관련되어 있다. 많은 아프리카인들은 콜라 열매가 소화 증진, 혈액순환 개선, 적혈구 증가, 상처 치유 등에 효과가 있다고 믿고 있고, 최음제로도 생각한다. 그렇기 때문에 콜라 열매는 여러 지역에서 결혼식과 같은 큰 행사가 있을 때 값비싼 선물로 제공되며, 그 소비량 또한 대단하다.

세네갈인들은 약혼녀에게 결혼 승낙을 얻기 위해서 예비 신부의 가족에게 콜라 열매를 보낸다. 콜라 열매를 선물하면 존경을 받게 되는데, 콜라가 권력과 부의 상징이기 때문이다.

말리에서는 청혼을 할 때 남자가 여자의 아버지에게 그리오(Griot : 아프리카 전통 구송시인)를 보내, 미래의 신부의 아버지에게 열 개의 콜라 열매와 약간의 돈을 선물한다. 만일 청혼이 받아들여지지 않으면, 신부의 아버지는 이 선물을 돌려준다.

청혼이 받아들여지면, 여자의 엄마와 이모들이 지참금 액수를 결정하기 위해서 모인다. 지참금은 항상 콜라 열매와 돈으로 이루어진다. 이 지참금은 혈연관계와 친구관계에 따라 모든 가족 구성원끼리 나누게 된다.

콜라 나무와 열매

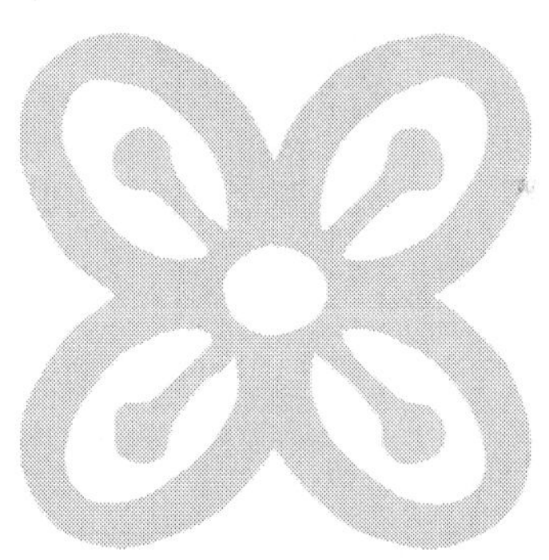

보아 멘남메 보아 워 Boa-me-na-me-boa-wo

유래	상징의미
상호의존, 협력, 서로 돕기	상호의존, 협력

아딘크라 관련 이야기

아딘크라의 유래 – 아딘크라와 이슬람 장식 모티브

아딘크라 상징이 이슬람 장식 모티브에서 유래한다는 설이 있다. 아딘크라 상징 가운데 몇몇이 이슬람 장식 모티브로부터 각색되었다는 사실이 기록되어 있기 때문이다. '아반', '다메다메', '크라모 보네 암마 예나후 크라무 파', '음파타포', '쿤툰칸탄', 그리고 '무쉬이야데' 등은 북부 아프리카의 이슬람 전통과 연결되어 있다고 간주된다.

이슬람 유래 설은 18~19세기에 아샨티족 종교적 행정 구조의 최고 지배계층이 된 '완가라(Wangara)족 (혹은 소니케족)'이 이슬람교를 믿는 종족이었다는 사실에 의해 더욱 힘을 얻는다. 그러나 아딘크라 상징 중 일부가 이슬람 기원을 가지고 있다는 것은 사실이지만 그 비율은 아주 낮은 편이고, 이슬람 문화에서 아딘크라 상징 전체를 찾아낼 수는 없다. 대부분의 아칸 상징들은 명백히 이슬람 문화와 관련이 없고, 이슬람 전통과는 이질적이다. 사실 죽은 사람을 조상신으로 받아들이기 위하여 애도한다는 아칸 문화 자체가 이슬람 전통과 맞지 않다.

보아포 예나 Boafo-Ye-Na

유래	상징의미
자진해서 도와주는 사람	후원, 협동, 단체정신

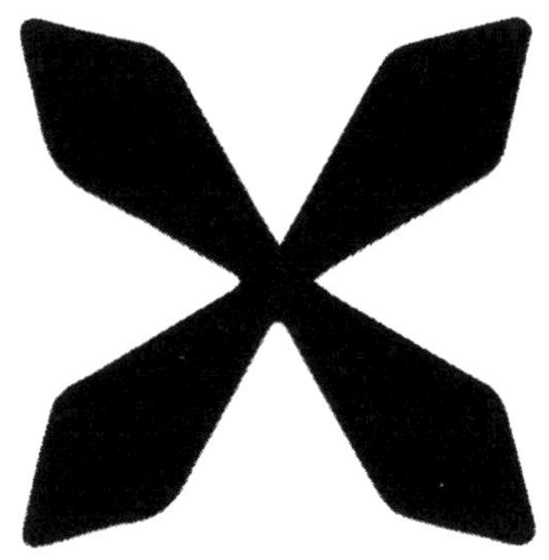

아딘크라 관련 이야기

아딘크라 기원에 관한 이론
– 토마스 보디치(Thomas E. Bowdich)

토마스 E. 보디치는 1817–1819년 영국정부로부터 가나에 파견된 사절단의 일원으로서 1819년에 『케이프 코스트에서 아샨티까지의 임무(*Mission from Cape Coast to Ashantee*)』라는 책을 출간했다. 이 책은 아샨티 족에 대한 최초의 유럽인의 설명서였다. 이 책에서 보디치는 쿠마시에 머무는 동안 접한 다양한 아딘크라들을 도안으로 직접 그렸다.

또한 보디치는 9개의 아딘크라 상징이 찍힌 아딘크라 직물을 영국으로 가져왔는데, 이 직물은 현재 런던 대영박물관 내 인류박물관에 소장되어 있다. 이 직물에 관한 흥미로운 점은 보디치가 1817년에 수집했다는 것인데, 이는 공식적인 기록에 의해 확인될 수 있는 날짜다. 즉, 이 직물이 1818년 아샨티–기야만 전쟁 일 년 전인 1817년에 수집된 것이기 때문에, 1818년에 아딘크라가 처음으로 아샨티 문화에 들어왔다는 아딘크라 기원에 대한 구전 이야기는 의심의 여지가 있다.

블록 단 Block Dan

유래	상징의미
시멘트 집	부와 번영을 통한 보호, 안전

해설

이 상징은 트위어 "wonni sika a wontwa blocks.", 즉 "단단한 시멘트 집을 짓기 위해서는 부유해야 한다."라는 표현에서 만들어진 아딘크라다.

아딘크라 관련 이야기

아딘크라 기원에 관한 이론 – 카르쿠(A.K.Quarcoo) 1

가나 대학 아프리카연구소의 카르쿠 교수는 아딘크라의 기원이 아칸 구전 이야기보다 100여 년 앞선다고 주장한다. 그는 아딘크라가 기야만의 왕 '코피 아딘크라'가 아니라 그보다 100여년 전의 왕이었던 '아딘크라 파닌(Adinkra Panin)'의 이름에서 유래되었다고 본다. 즉 아딘크라는 1701년의 '아샨티–덴키라(Asante–Denkyira)' 전쟁 중 덴키라 제국으로부터 아샨티 족에게 전수되었다는 것이다. 카르쿠는 아딘크라가 적어도 1700년대 초에는 아칸족에게 소개되었을 것이라고 생각한다. 실제로 몇몇 구전 이야기는 아딘크라는 장인들에 의해 덴키라, 타키만(Takyiman), 그리고 아샨티의 왕들을 위해서 만들어졌다고 전한다.

카르쿠는 아딘크라 파닌의 아들 '아딘크라 아파'가 아딘크라 기술을 아샨티 족에게 넘겨주도록 강요당했을 것이라고 말한다. 실제로 아딘크라 아파가 쿠마시 근처의 마을 아소카(Asokwa)에서 아샨티족 '크와쿠 드와쿠(Kwaku Dwaku)'에게 아딘크라 제작 과정을 보여주었다는 구전 이야기도 있다. 카르쿠의 주장은 어느 정도 신빙성이 있어 보인다. 왜냐하면 보디치가 아딘크라 직물을 수집할 때인 1817년에는 가나 지역에서 아딘크라 제작 공정이 이미 완전히 발전한 상태였기 때문이다.

비리비 워소로 Biribi-wo-soro

유래	상징의미
천국에는 무엇인가가 있다.	희망, 열망

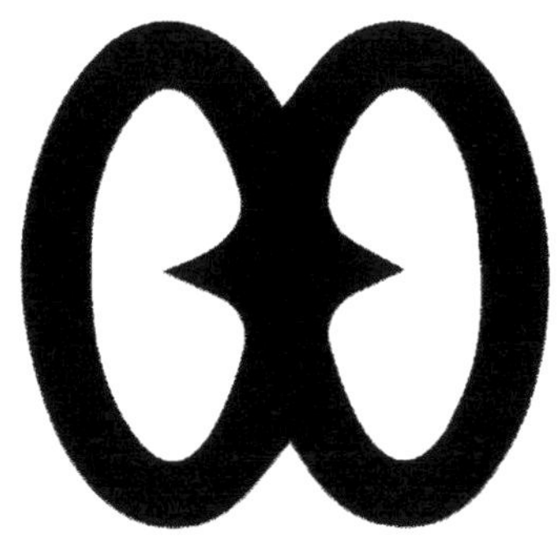

해설

아칸어 표현에 “Nyame, biribi wo soro, na ma embeka me nsa.”라는 말이 있다. 이는 “신이시여, 천국에는 무엇인가가 있습니다. 그것을 내게 이르게 하소서.”의 뜻이다. 아칸인들은, 신은 하늘에서 인간들의 호소와 기도를 듣고 있으며 인간들의 기원을 들어주고 인간들을 지켜준다고 믿는다.

'비리비 워소로'는 아칸인들의 신에 대한 믿음과 신의 축복에 대한 열망을 나타내는 상징이다. 구체적으로 '비리비 워소로'의 디자인은 무한대를 나타내는 수학적 기호(∞)와 귀중함을 나타내는 다이아몬드의 결합이다. 상징의 교차점에는 다이아몬드가 위치해 있고, 무한의 표시로 두 개의 타원형이 합해져 있다.

빈카비/오빈 카비 Bi Nka Bi/Obi Nka Bi

유래	상징의미
꼬리를 문 악어들	정의, 페어플레이, 자유, 평화, 용서 조화로운 통합과 갈등, 불화의 방지

해설

'빈카비'를 문자 그대로 해석하면 "그 누구도 남을 공격해서는 안 된다."는 의미이다. 이 상징은 '남을 무는 자는 물릴 것이고, 남에게 잘못된 행위를 하는 자는 자신도 잘못될 것'이라는 것을 말하고 있다. 즉 "누구든 물리고 싶지 않다면 남을 물어서는 안 된다." "자신이 잘못되고 싶지 않으면, 남에게 잘못을 하면 안 된다."는 교훈을 말하고 있다.

빈카비는 '정의'와 '페어플레이'라는 아칸족의 행동강령을 담고 있다. 이 상징은 모든 구성원이 평화롭고 조화롭게 살아가기 위해 노력하는 사회를 함축하고 있다.

이 상징은 원래 서로의 꼬리를 물고 있는 두 마리 물고기를 양식화한 것이었다. 시간이 지나면서 다양한 변화형들이 등장하게 되었는데, 점차 서로의 꼬리를 물고 있는 두 마리 악어로 수렴되게 되었다. 빈카비의 일러스트레이션은 아칸족의 장신구에서 흔히 찾아볼 수 있다.

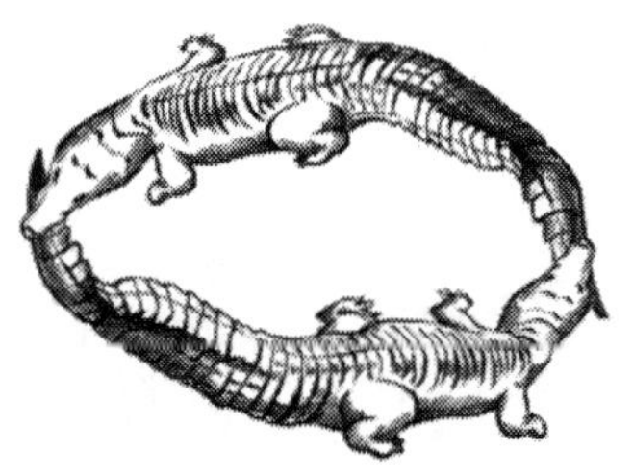

‖ 빈카비의 상징도 ‖

산코파 (뒤아) Sankofa (dua)

유래	상징의미
산코파 새	미래를 세우기 위해 과거로부터 배우는 지혜

 **해설**

‘산코파’는 산코파라는 새와 그 습성에서 유래되었다. 산코파 새는 종종 머리를 돌려서 긴 부리로 꼬리 깃털을 치장한다. 아칸족은 이 행위를 과거를 되돌아보는 행위로 비유했다.

산코파는 필요할 때 과거를 돌아보고 빠트린 부분을 보충해서, 미래를 향해 나아가야 함을 나타낸다. 만일 중요한 일을 함에 있어서 일정 부분이 빠져 있다면, 가장 현명한 방법은 결여된 해결책을 찾고 잘못된 부분을 고치기 위해 출발점으로 돌아가거나 온 길을 되돌아가는 것이다. 그래서 산코파는 잊었던 무언가를 회수하는 것, 잃어버린 물건을 가져오기 위해 그것이 있던 장소로 돌아가는 과정에 착수하는 것, 그리고 그때부터 미래를 향해 움직이는 것을 의미한다.

개인적 차원에서 산코파는 숙고하며 ‘과거를 되돌아보기’, ‘근원으로 돌아가기’를 의미한다. 그래서 산코파는 자기실현 및 정신실현의 의미를 갖는다. 이때의 산코파는 자신에 대한 정체성, 통찰력을 나타내고, 운명에 대한 이해와 더 큰 문화 집단의 집단 정체성을 상징한다.

넓은 의미에서 산코파는 문화적 각성을 상징한다. 아프리카인들은 독립 이후 수십 년 동안 새로운 경험을 하고 있다. 그러나 독립이라는 개념이 새로운 것으로 보일지라도, 그들을 결속시키는 것은 과거의 전통이다. 과거는 그들의 미래를 만들어 나가기 위한 밑거름인 것이다.

가나 군대에서 이 상징은 후방부대를 가리키는 표식으로 사용된다.

산코파 조각상

세사 우루반 Sesa woruban

유래	상징의미
삶의 변화	변모, 갱신, 재탄생

아딘크라 관련 이야기

아딘크라 기원에 관한 이론 – 카르쿠(A.K.Quarcoo) 2

아딘크라의 기원에 대한 카르쿠의 이론은 기야만 왕국의 역사에서도 확인할 수 있다. '아딘크라 파닌'은 기야만의 7번째 통치자였지만 통치 연대에 대한 기록이 남아있지 않다.

그러나 그의 뒤를 이은 '아보 코피(Abo Kofi)'는 1720–1746까지 통치했고, '코피 소노(Kofi Sono)'가 1746–1760까지 통치했다. 이 연대순으로 보아 아딘크라 파닌의 재위 기간은 1700년대 초로 추정할 수 있다. 카르쿠의 주장에 따르면, 아딘크라 파닌은 아마도 아샨티 왕국의 시조인 '오세이 투투(Osei Tutu)'의 뒤를 이은 '아샨티헤네 오포쿠 와레(Asantehene Opoku Ware)'의 재위기간에 기야만의 왕이었을 것이다.

카르쿠는 '아딘크라 파닌'과 '코피 아딘크라' 왕의 이름의 유사성이 구전 전달과정에서 연대기의 혼란을 일으킨 것으로 본다.

세포 Sepo

유래	상징의미
처형에 사용되는 칼	정의, 법, 법원의 결정

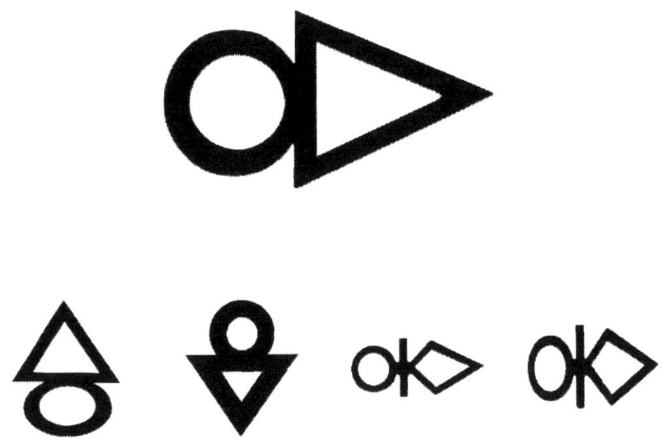

해설

'세포'는 정의, 악에 대한 선의 응징, 잘못에 대한 징벌의 상징이다. 아칸족에게 법의 존중은 부족과 국가의 근간이다. 엄격한 법의 집행이 바탕이 된 정의의 구현은 국민과 국가의 존재 기반이다. 그러므로 법의 집행은 곧 국민의 결속과 국가의 존속을 상징한다.

세 원 혜 Hye-Wo-Nhye

유래	상징의미
태울 수 없는 것	불멸성, 무한함, 용서, 강인함

해설

'셰 원 혜'는 사라지지 않는 사물의 품질이나 기질 혹은 파괴할 수 없는 견고함, 또 그 결과인 지속성과 항구성을 의미한다. 이 상징이 사람에게 적용되면 어려움과 역경을 견뎌내는 인간의 성향을 나타내는데, 흔히 '폭풍우 같은 파괴를 견뎌내는' 사람을 '셰 원 혜'라 부른다.

셰 원 혜와 유사한 표현들로 트위어에는 강인한 사람들을 표현할 때 "너는 그들을 태울 수는 있지만, 그들은 결코 타지 않는다.", 또는 "너는 그들을 자를 수 있지만 그들은 결코 잘라지지 않는다."라는 표현들이 있다. 이러한 표현들은 인간은 강인하고 굳건한 존재이며, 어떤 의미에서는 불멸성을 가지고 있다는 것을 뜻한다.

이와 같은 맥락에서 셰 원 혜는 아칸족에게 매우 존경받는 덕목을 나타내는 상징이다. 셰 원 혜는 흔히 그 대상이 확대되어 국가나 국가의 수장의 영속성을 나타내는데 사용되기도 한다.

훼훼무둬아 Hwehwemudua

유래	상징의미
탐색봉, 측정용 막대, 자	뛰어남, 최고의 품질, 완벽함, 지식, 엄밀한 검사의 상징

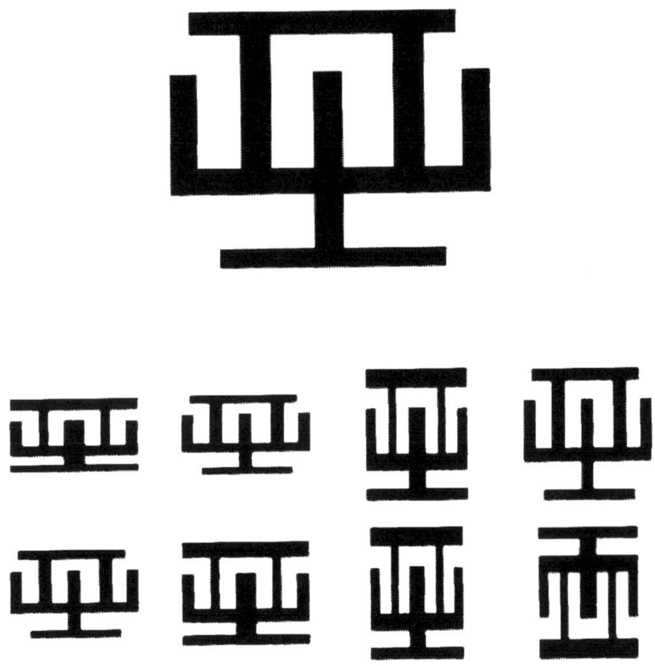

해설

'셰셰무뒤아'는 탁월함, 혹은 다른 모든 것들 가운데 가장 뛰어남을 표상하는 상징이다. 가나 표준 위원회(가나 품질 시험 및 인증 기구)에서 이 상징을 인장으로 사용하는데, 품질 검사 과정에서 흠집 없는 것은 물론, 어느 것과도 비할 데 없는 것이라 판단될 때 받을 수 있는 인장이다. 이 인장을 받은 1, 2 순위에 드는 물건도 셰셰무뒤아라 부른다.

사람에게 적용하게 되면, 이 용어는 '언제나 모범적인 실적을 이루는 사람'을 의미한다. 이때는 단순히 일을 잘하거나 효율적인 일의 수행만을 의미하는 것이 아니라, 완벽한 수준에 맞추어서 일을 하거나 작업을 수행하는 사람을 뜻한다.

이 상징은 개인의 발전이나 일에 있어서 언제나 최선을 다해야 한다는 것을 뜻하기도 한다. 이에 관련된 말로 "네가 될 수 있는 모든 것이 되어라."라는 격언이 있다.

솜 온얀코폰 Som Onyankopon

유래	상징의미
신의 숭배	전능한 신에 대한 숭배, 헌신

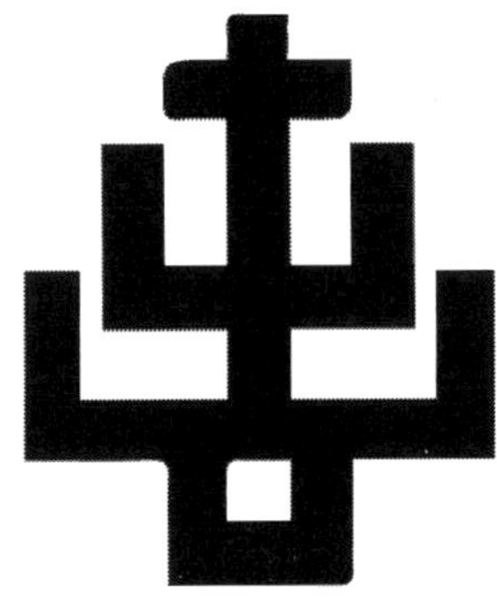

아딘크라 관련 이야기

아딘크라 기원에 대한 이론들의 요약

아딘크라의 기원에 대한 이야기들은 어느 것도 명백하게 입증된 것은 없다. 그러나 아딘크라 기원에 대한 이야기들의 핵심은 아딘크라 문양을 찍는 기술의 전수 시기이다.

대부분의 구전 내용들은 아칸 예술 체계로의 아딘크라 기원을 아샨티-기야만 전쟁에 두고 있다. 하지만 이 구전 이야기들은 아딘크라가 1818년에 코피 아딘크라 왕의 패배 이전 아칸족에게 사용되고 있었다는 사실을 보여주는 보디치의 증거와 비교해 보면 타당성이 부족하다. 카르쿠의 이론을 받아들인다면, 아딘크라가 훨씬 일찍 아칸족에게 전수되었다는 사실을 인정하는 것이지만, 아딘크라를 만들어내는 기술은 아샨티-기야만 전쟁에서 코피 아딘크라 왕의 패배의 결과로 1818년 이후에 아칸족에게 도입된 것이 정설이다.

어떤 경우이던 아딘크라를 만드는 기술적 방법은 기야만 족에 의해 아칸족에게 전수되었지만, 아칸족이 아딘크라를 아칸 예술체계에 도입하면서 발전시켰다는 사실에는 변함이 없다.

순숨 Sunsum

유래	상징의미
영혼	영성(靈性), 순수한 정신, 깨끗한 영혼

 **해설**

'순숨'은 인간의 본질적 구성요소이다. 아칸족은 인간이 생물학적인 동시에 정신적인 존재라고 믿는다. 인간은 어머니의 피

(모자mogya)와 아버지의 영혼(은토로ntoro)으로부터 생겨난다.

아칸족에게는 기본적으로 세 가지의 '영혼'이 있다. 그것은 '크라(kra)', '은토로(ntoro)' 그리고 '순숨(sunsum)'이다. 크라는 생명력 혹은 절대 신 은야메에 의해 창조된 원초적 영혼을 말한다. 이 영혼은 개인과 은야메 신을 무의식적으로 연결한다. 크라는 임신 혹은 출생 후에 인간에게 들어오며, 생의 마지막 숨결이 개인으로부터 떠난 후에 은야메에게 되돌아간다. 은토로는 상속할 수 있는 것으로 아버지를 통해 아이들에게 전해진다. 은토로는 유전적 특성을 설명해 준다. 순숨은 영혼 혹은 개인적 품성으로 정의되는 것으로, 아버지의 정액을 통해 자식들에게 전달된다. 순숨은 눈에 보이지 않지만 개인의 특성을 통해 모습을 드러내는 개인의 고유한 속성이다. 순숨은 자아, 즉 개인의 성격으로 간주된다. 순숨은 한 개인을 타인으로부터 구별하게 해주는 성격-영혼이다. 그것은 무형의 요소로 되어있기 때문에, 개인의 성격, 우수한 정신적 자질, 삶에서 성취한 우수성의 정도에 따라 밝혀진다. 순숨은 개인적 기질의 핵심적 요소이다.

순숨은 변화될 수 있다. 따라서 영감이 뛰어나게 된다던가, 용맹해진다던가 하는 식으로 훈련될 수 있다. 순숨은 잠을 자는 동안 육체를 떠날 수 있으며, 돌아오지 않을 수도 있다. 순숨은 영혼이라는 점에서 크라와 유사해 보이지만 둘은 동일한 것이 아니다. 이들은 서로 다른 개념이다.

아난시 은톤탄 Ananse Ntontan

유래	상징의미
거미	지혜, 간사함, 창의성과 복잡한 삶

해설

거미는 아프리카 신화와 설화에서 가장 흔히 등장하는 곤충이다. 보잘 것 없는 작은 곤충임에도 불구하고 거미는 지혜로운 방식으로 크고 섬세한 거미집을 짜서, 다른 곤충들을 잡거나 자기 자신을 보호한다. 이러한 거미의 삶은 그들이 보잘 것 없는 삶으로부터 어떻게 지혜를 발휘하여 뛰어난 것을 만들어 내고, 그들의 생존에 필요한 것들을 어떻게 얻는지를 보여준다.

이 작은 곤충은 자신을 보잘 것 없는 존재라고 생각하는 개인들에게 중요한 메시지를 준다. 사람은 자신이 가지고 있는 것이 없더라도 지혜 또는 창의성을 발휘하면 얼마든지 원하는 것을 얻을 수 있다. 그래서 거미는 아칸족에게 '지혜' 또는 '간사함'을 상징한다.

거미줄

아딘크라 관련 이야기

세상의 모든 지혜

'아난시'는 하늘의 신인 '은야메'의 아들 중 하나였다. 그는 머리가 잘 돌아가고, 꾀가 많아서 자신이 원하는 것이 있으면 온갖 기발한 방법을 동원해서 차지하곤 했다. 어느 날 아난시는 세상의 모든 지혜를 자기 혼자서 독차지하고 싶어졌다.

"이 세상의 지혜를 나만 가지고 있으면, 모든 신들과 인간들이 나를 우러러 보고, 나에게서 지혜를 구하려고 안간힘을 쓰겠지 ?"

이것은 생각만 해도 기분 좋은 일이었다. 그래서 아난시는 커다란 단지를 하나 구해서 그 안에 세상의 모든 지혜를 담았다. 그는 단지를 자기만 아는 곳에 숨겨 놓고, 몰래 혼자서만 꺼내 볼 생각이었다.

"이 단지를 어디다 숨겨 놓으면 좋을까 ?"

단지를 숨길 곳을 찾다 보니 높은 나무꼭대기가 제일 좋아 보였다. 그래서 그는 단지를 자기 가슴 쪽으로 묶고서, 아들과 함께 나무에 기어오르기 시작했다. 그런데 단지를 가슴에 묶고 나무를 기어오르는 일이 생각 보다 쉽지 않았다. 아난시는 오르다가 몇 번이고 미끄러지다가 결국 단지 손잡이마저 잃어버리게 됐다. 뒤따라 올라오던 아들이 보다 못해 한마디 했다.

"아빠, 단지를 등에다 메면 훨씬 더 편하게 올라 갈 수 있잖아요 !"

"아 ! 내가 왜 그 생각을 못했을까 ?"

아들의 지혜에 내심 감탄하면서 아난시는 단지를 등 쪽으로 돌려 메었다. 그리고 다시 나무위로 오르기 시작했다.

아딘크라 관련 이야기

그러나 몇 발자국 떼지도 못하고 단지는 땀에 젖은 아난시의 등에서 미끄러져 빠져나가 땅에 떨어지고 말았다. 땅에 떨어진 단지는 박살이 나버렸고, 단지 안에 들어있던 지혜들은 사방으로 흩어졌다. 그때 갑자기 비가 쏟아져서 이 지혜들을 강으로 쓸어가 버렸고, 지혜들은 강을 따라 흘러가서 바다로 들어가 바다를 통해 온 세상으로 퍼져 나갔다. 그래서 오늘날 모든 사람들이 이 지혜를 조금씩이나마 자신의 것으로 만들 수 있게 된 것이다.

- 아샨티족 아난시 관련 신화

아드웨라 Adwera

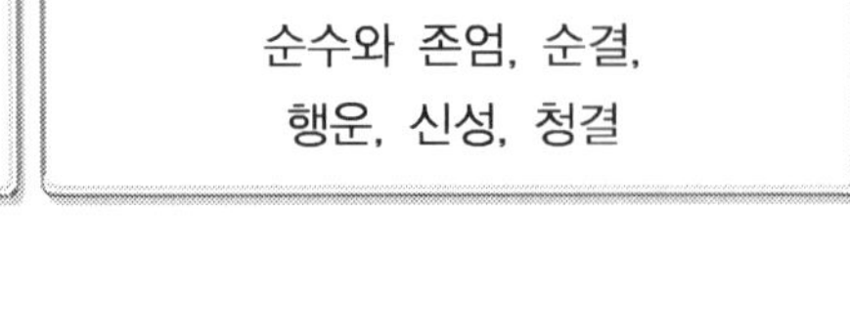

유래	상징의미
관목	순수와 존엄, 순결, 행운, 신성, 청결

 **해설**

생명수인 당신은 끓지만 타지 않는 크리스털처럼 순수한 물이다.

아딘크라 관련 이야기

다양한 아딘크라

많은 아딘크라 상징들이 과거의 상징들과 동일한 형태를 가지고 있다. 보디치가 200여 년 전에 수집했던 직물에 사용된 9개의 상징들은 오늘날에도 여전히 사용되고 있고, 지금도 아딘크라 인쇄 방법은 200여 년 전과 거의 동일하다.

그러나 시간이 흐르면서 오늘날 아딘크라의 종류는 초기의 아딘크라들에 비해서 훨씬 다양해졌다. 아딘크라 제작에 있어서 엄격하게 표준화된 기준은 없지만, 상징의 기본적 '원형'은 계속 존재해 왔다. 기본이 되는 원형들로부터 많은 변형들이 파생되었고, 완전히 새로운 형태가 추가되기도 하였다. 이 새로운 형태의 상징 이미지들은 총기나 수갑, 알파벳 등의 예처럼 새로운 문물과의 만남이 그때마다 아딘크라 상징에 흡수되었음을 보여준다. 오늘날 다양한 아딘크라의 존재는 서아프리카 문명과 다른 문명들과의 다양한 만남의 결과들을 보여준다.

아딘크라헤네 Adinkrahene

유래	상징의미
아딘크라 심벌 중 왕	권력, 위대함, 사려분별, 굳은 결의, 결의에 참, 관대함

해설

'아딘크라헤네'는 모든 아딘크라 디자인 가운데 으뜸이며, 아딘크라의 가장 기본 문양이다. 즉 아딘크라 상징들 중 최고의 위치를 차지한다. 아딘크라 왕을 뜻하는 아딘크라헤네는 또한 '왕위의 영원성'에 대한 은유로도 사용된다.

아래의 '아딘크라헤네 뒤아(Adinkrahene Dua)'는 아딘크라헤네의 파생문양이라고 할 수 있다. 역시 '왕족', '고귀함' 등을 나타내는데, 왕의 옥새 문양으로도 쓰였다.

아반 Aban

유래	상징의미
요새, 2층집	강인함, 권력, 왕의 상징

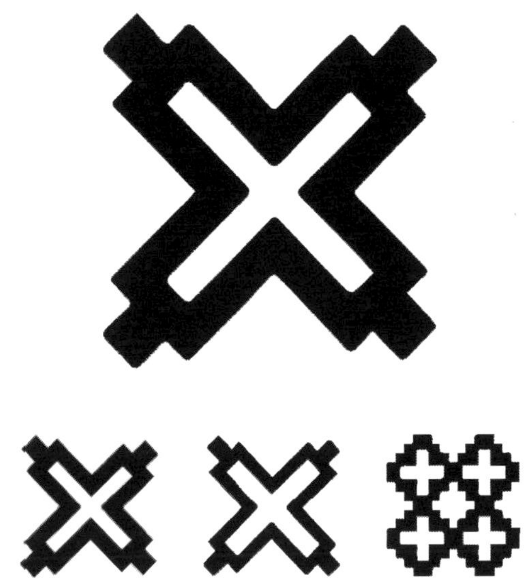

해설

'아반'은 2층 집을 뜻한다. 1902년에 골드코스트[5] 지역에 설립된 영국의 지역행정부[6]는 아프리카 현지인들을 고용하였다. 영국 관청에서 일하는 현지인들은 고정 월급을 받으면서 윤택한 생활을 하게 되었는데, 그들은 자신들의 집을 2층으로 증축한 경우가 많았다. 이러한 2층 주택을 '아반'이라 불렀고, 그곳에 사는 사람들을 '아반' 사람들이라고 했다.

초기에 이 상징은 요새 혹은 격조 있는 집을 의미하였지만, 후에 정부와 입법권을 상징하게 되었다. 공권력을 소유한 자 또는 주 정부도 '아반'이라 불렸다. 가나의 독립 이후에는 정부와 공권력에 대한 존중의 의미를 갖게 되었다.

---

5) Gold Coast : 아프리카 서부 기니 만 주변에 설치되어 있던 영국의 식민지. 1471년 포르투갈의 진출이후 유럽과의 주된 교역 창구가 되었다. 유럽인은 이 지역을 황금 해안이라고 불렀고, 점차로 노예가 주요 교역품이 되었다. 1957년 가나로 독립했다.

6) '지역행정부(Native Authority)'란 골드코스트와 영국의 다른 식민지들을 지배하던 영국 식민중계 사무소를 말한다.

아베 뒤아 Abe dua

유래	상징의미
야자수	부, 회복력, 활력, 풍부한 지략, 자급자족

 **해설**

야자수는 풍부한 지략을 상징한다. 많은 다양한 생산물, 예를 들어 술, 기름 등이 야자수 한 그루에서 나오기 때문이다.

아딘크라 관련 이야기

아딘크라 작업공정

아딘크라는 몇 가지 작업공정을 거친다. 첫 번째 공정은 직조와 염색인데, 대부분의 경우 직조공이 직물을 짜고, 염색도 한다. 때로는 수입 천이 사용되지만, 요즘은 주로 공장에서 생산된 가나 산(産) 면이 사용된다. 염색이 끝난 직물은 다음 공정으로 넘겨지는데, 패턴을 찍는 도장공이 아딘크라 문양을 천에 찍는다. 도장공은 천에 일정한 간격으로 격자무늬를 긋고 격자 안에 문양을 찍는다. 도장공은 격자무늬의 간격과 문양의 종류와 개수 등을 결정하는데, 이 과정에서 직물의 상품 가치가 결정된다.

아딘크라 도장은 보통 전문 조각가가 만드는데, 아딘크라 도장공이 조각가를 겸하는 경우도 많다. 오늘날 아딘크라 도장은 대체로 수공예 전문상점이나 큰 도시의 상점에서 판매된다.

아보디 산탄/ 코요 바이덴 Abode Santann/ Kojo baiden

유래	상징의미
신의 눈, 태양광 두 개의 초승달, 왕의 의자	우주 전체, 창조

해설

'아보디 산탄' 혹은 '코요 바이덴'은 모든 것을 바라보는 신의 '눈', '태양광선', '두 개의 초승달', '왕의 의자(stool)'를 나타내고 있다. 태양과 달은 절대자가 만들어낸 자연창조를 묘사한다. 반면 스툴은 인간의 창조와 사회적으로 만들어진 제도 등을 나타낸다.

아사시 예 두루 Asase Ye Duru

유래	상징의미
지구	땅의 신성함, 섭리, 힘 부유함, 권력, 권세,

해설

'아사시 예 두루'는 "지구는 좋다."를 의미하며, 또한 "지구상에 있는 것이 좋은 것이다."를 뜻하는 아칸족의 표현이다.

'아사시 예 두루'는 전지전능한 지구를 대표한다. 아칸의 우주론에서 우주의 창조자는 신이지만, 실제로 인간의 삶을 유지시키는 것은 지구이다. 그렇기 때문에 지구는 신성한 곳이며, 신의 창조물 중 첫 번째가 지구이다. 지구는 우주에서 최고 권력의 자리에 있는 신(은야메)에 버금가는 가치를 갖는다.

아칸족에게 지구는 다산의 큰 가슴을 가진 여신 '아사시 야아(Asase Yaa)'로 의인화된다. 관련 속담으로는 "지구는 바다보다 더 무겁다."가 있다.

아세뉘아 Asennua

유래	상징의미
십자가	구원, 사랑, 희생

해설

'아세뉘아'는 기독교의 십자가를 형상화한 것이다. 이 상징의 디자인은 구멍이 나있는 블록으로 쌓은 벽에서 착안한 것으로 알려져 있다. 중앙에 십자가의 형태가 있고 주변에 구멍이 나있는 블록 벽의 뒤에서 햇빛이 비치면, 마치 후광에 둘러싸인 듯한 십자가의 모습을 연상하게 한다.

이 상징은 "예수는 인류를 구원하기 위해, 십자가에 못 박혀 돌아가시기 위해 오셨다."라는 기독교 교리와 관련이 있다.

아세티나 파 Asetena Pa

유래	상징의미
번영, 부	윤택한 생활, 과시적 소비, 상위계급

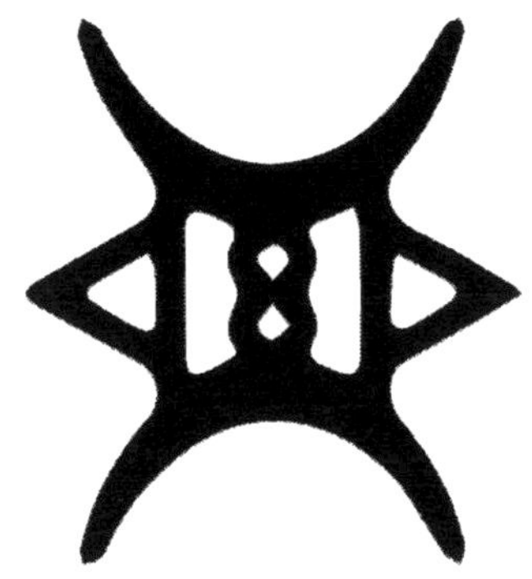

 **해설**

보잘 것 없었던 시작을 잊지 말아라.

아딘크라 관련 이야기

아딘크라 장인들

아딘크라 장인들은 염료 제조, 직물 제조, 전문 조각, 문양 찍기, 그리고 아딘크라 직물 판매 등 여러 분야로 그 역할이 나뉘어져 있다. 직물 제조공은 스스로 염료를 만들지 않는다. 그들은 기본 원료들을 사서 염료를 제조하기 보다는 시장에서 파는 '기성 염료'를 사는 것에 더 익숙하다. 직물에 문양을 찍는 전문가 대부분은 직접 스탬프를 만들지 않는다. 문양 찍는 사람은 주요 직물 생산지 중 한 곳이나 주요 시장에 가서 전문 조각가로부터 필요한 스탬프들을 산다. 조각가 중에는 문양 찍는 일을 겸하는 경우도 있다. 문양 찍는 장인들은 대개 몇 개의 스탬프만을 가지고 있다. 간혹 50개 정도의 스탬프를 소장하고 있는 문양 찍는 장인들도 있는데, 이런 경우는 스탬프를 많이 가지고 있는 경우에 속한다. 도시를 돌아다니며 스탬프를 판매하는 사람들은 대개 여성들이다.

아싸아와 Asaawa

유래	상징의미
열매	다정함, 달콤함

 **해설**

이 상징은 달콤함, 달콤한 맛, 기쁨, 쾌락주의를 나타낸다.

아딘크라 관련 이야기

아딘크라 천

과거 아딘크라 제품에 사용된 천은 주로 가나 북쪽 지역에서 손으로 짠 면직물 또는 하얀색 옥양목이었다. 오늘날에는 유럽산 '표면이 단단한 직물'이나 아시아산의 직물이 상대적으로 저렴한 가격 때문에 원산지 직물보다 더 선호된다. 유럽산 직물은 염료가 직물을 투과하지 못하기 때문에 인쇄면 뒤쪽에서는 보이지 않는다.

이 직물들은 녹색, 노란색, 밝은 파란색, 핑크, 골드 등 다양한 색상을 가지고 있다. 직물의 크기는 폭이 45센티미터에서 270센티미터, 길이는 180센티미터에서 360센티미터까지 다양하다. 이것보다 더 크거나 작은 직물들도 있는데, 어떤 것의 길이는 10미터가 넘기도 한다.

아야 Aya

유래	상징의미
양치식물	인내, 독립, 어려움을 이겨내는 힘, 대담함, 참을성, 풍부한 지략

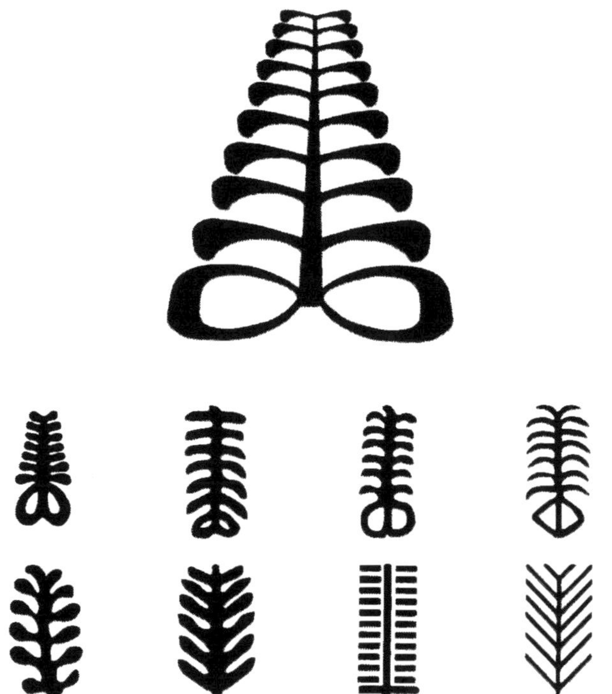

해설

'아야'는 양치식물 '펀'을 묘사한 것이다. 펀은 바위투성이의 땅 같은 거칠고 비옥하지 않은 토양에서 자라는 질기고 강인한 식물이다. 그래서 흔히 펀은 강한 체질의 전형적인 예로 인용된다.

아칸족은 이 펀을 아칸 민족과 아칸인 개개인의 인내, 참을성, 풍부한 지략과 관련지어 아칸족의 생존과 번영의 상징으로 생각했다.

아야는 아딘크라 심벌 가운데 가장 인기 있고, 가장 잘 알려져 있는 문양 중의 하나이다. 아야가 사람에게 비유될 때는 여러 분야에서 많은 역경과 어려움을 이겨내고 능력을 발휘하는 다재다능하고 지략 있는 굳건한 사람을 나타낸다. 이러한 사람은 자신의 목표와 방향에 있어 흔들리는 법이 없다.

아야는 과거에 왕들의 의상에 자주 사용되었었다. 왕들은 자신의 대담무쌍함과 독립성을 표현하기 위해서 아야 상징이 새겨진 옷을 즐겨 입었다. '아야' 혹은 '펀'을 입는 행위는 "나는 독립적이다.", "나는 당신을 두려워하지 않는다."라는 메시지이다. 이러한 의미에서 아야는 저항의 상징으로 사용되기도 한다.

아조 Adwo

유래	상징의미
평화	고요한 평화로움

 **해설**

왕에게 훌륭한 조언자가 있다면, 왕은 통치기간동안 평화로울 것이다.

아딘크라 관련 이야기

아젠나데(adwennnade) – 아딘크라 스탬프

'아젠나데'는 직물에 문양을 찍는 데 사용되는 스탬프이다. 스탬프의 바닥은 두께가 1~2 센티미터 정도 되는 '아페키에아(apekyea)'라고 하는 조롱박으로 만든다. 스탬프의 바닥은 조롱박 자체의 모양 때문에 약간의 볼록 곡선을 이루는데, 이것은 직물에 이미지를 굴려 찍는 작업을 용이하게 한다.

손잡이는 길이가 8~12 센티미터 정도의 단단한 종려나무 가지나 대나무로 만들어진다. 보통 3개나 4개, 많으면 12개 정도의 가지로 만든다. 그것들을 조롱박의 부드러운 부분에 끼우고 철사로 묶은 후, 작은 헝겊으로 동여맨다.

아딘크라 문양은 조롱박에 새기기 전에 먼저 종이에 그려서 조롱박에 붙인다. 스탬프 조각하는 사람이 카펫 칼과 비슷한 칼로 문양을 잘라내기 시작한다. 조각가는 칼로 윤곽을 잡고 아딘크라 심벌의 부조 부분을 남겨두고 5 밀리미터 정도의 깊이로 빈 부분을 도려낸다.

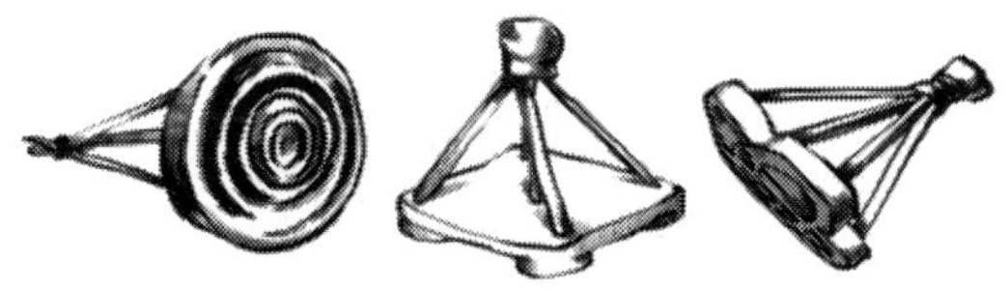

‖ 아딘크라 스탬프들 ‖

아진데우루 Agyindawuru

유래	상징의미
아진의 목탁, 충성스런 신하	충실함, 민첩함, 순종

해설

'아진데우루'는 덕을 갖춘 인간, 즉 의무, 기민함, 복종, 신뢰 등의 덕목을 갖춘 충실한 인간을 상징화한 것이다.

옛날에 아샨티의 한 왕에게 '아진'이라는 이름의 하인이 있었다. 그는 유난히 선량하고 믿음직한 하인이었다. 아진은 사건이 있거나 특별한 이벤트가 있을 때, 사람들을 소집시키기 위해서 왕을 위해 나무로 만든 특별한 목탁을 울렸다. 목탁을 치는 아진의 모습은 곧 그를 대표하는 이미지가 되었고, 이 목탁을 '아진데우루'라 불렀다.

아진은 품위 있고, 용맹했으며 무엇보다 왕에 대한 충성심이 강했다. 아딘크라 상징 아진데우루는 그의 충성심을 기리기 위하여 만들어진 것이다.

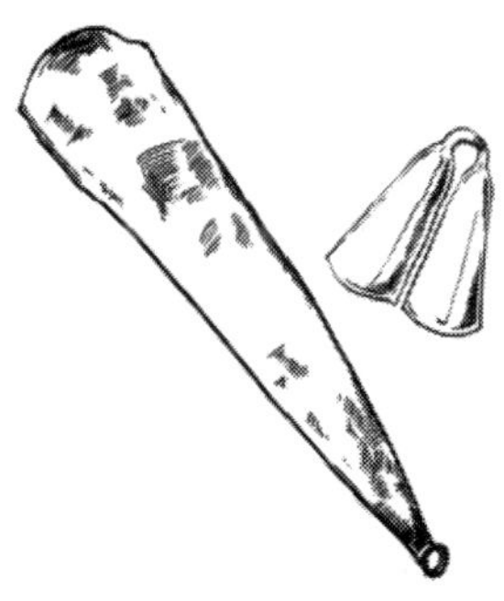

아진데우루

아코마 Akoma

유래	상징의미
마음	사랑, 호의, 인내, 충성, 도타운 사랑, 참을성과 일관성

해설

'아코마'는 육체적 심장을 말하는 것이 아니라 영혼의 심장을 말한다. 이것은 사랑하는 어떤 것에 대한 언급이다. 만일 아칸 사람이 누군가에 "M'akoma wɔ wo mu(내 심장은 네 안에 있다.)"라고 말한다면, 이는 "나는 당신을 사랑한다."를 의미하는 것이다.

'Aka me akoma(또는 aka m'akoma)'는 "어떤 특정한 디자인을 좋아한다."는 의미다. 또한 이것은 '내 마음이 그것과 함께 혹은 당신과 함께 가는 대로'라고 설명할 수도 있다. 또 다른 의미로 "인내심을 가져라." 혹은 "힘을 내라."의 뜻을 가지기도 한다.

아코만 (은)토아소 Akoma Ntoaso

유래	상징의미
마음	일치된 마음들, 의견의 일치, 단란함, 연합(생각과 행동에서) 혹은 헌장

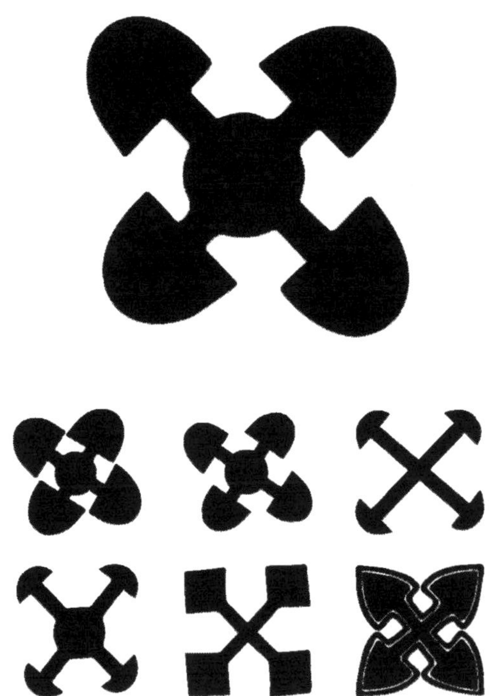

해설

'아코만 (은)토아소'는 심장을 의미하는 '아코마'의 뜻을 넓힌 예로, 아코마가 지닌 사랑과 결합의 의미를 더욱 심화시키고 확장한 것이다. 이 상징은 결합된 마음이라는 의미로, 단체 혹은 개인들 사이의 의견의 일치를 나타낸다.

또한 이 상징은 의견의 불일치 혹은 오해 이후에 발생하는 유대감, 사랑, 호감을 의미한다. 더 나아가 국가 간의 화목과 연합을 의미하기도 한다.

아코벤 Akoben

유래	상징의미
전쟁용 뿔피리	행동, 준비, 자발성

해설

식민지 이전 시대의 아칸 마을과 그 인근 지역은 매우 넓은 영토를 이루고 있었다. 마을을 위협하는 적이 근처에 나타날 경우, 마을 사람들에게 적의 출현을 알리기 위해 '아코벤'이라는 뿔피리를 불었다. 마을 사람들은 그 피리소리를 듣고 모여, 함께 적과 맞서 싸웠다.

또한 마을의 공동 일을 위해 마을 사람들을 모이게 할 때 아코벤을 사용하기도 했다. 아코벤은 일반의 이익을 위한 공동의 임무, 공동의 노력, 공동의 통합을 위한 준비상태를 의미하는 상징으로 사용된다.

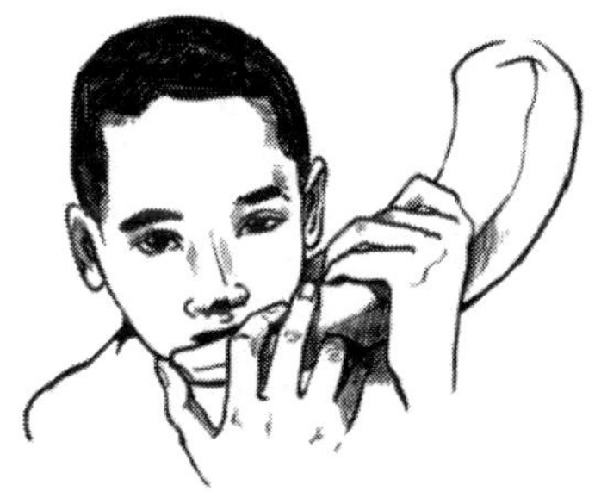

아코벤

아코코 난 Akoko Nan

유래	상징의미
암탉의 발	인내, 자비, 보호 부모의 훈육

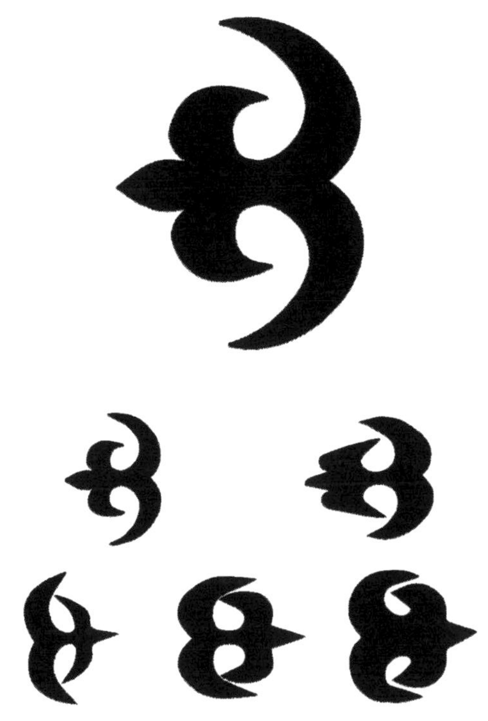

해설

아칸족은 종종 동물의 행동과 인간의 행동 및 경험을 결부시킨다. 아딘크라 '아코코 난'은 암탉의 행동과 부모의 행동을 연결시키며 부모의 보호와 훈육을 상징한다.

많은 병아리들을 돌보는 암탉은 병아리들에게 먹이를 주기 위해서 땅을 파고 긁어댄다. 이렇게 하는 중에 암탉은 때로는 불가피하게 병아리를 밟거나 차버릴 수 있을 것이다. 그러나 암탉은 병아리들을 다치게 하지도 않으며 그들에게 작은 타격도 주지 않는다. 암탉처럼 아칸족 부모들은 아이들의 행동을 바로 잡기 위해 때로는 엄함과 단호함으로, 때로는 사랑과 애정으로 아이들을 훈육한다. 이러한 부모의 훈육은 아이들에게 삶의 의미를 알려주며 보호한다. 아코코 난은 부모의 보호, 인내, 자비, 도타운 사랑, 자애로운 연대감이 내포된 부모의 훈육에 대한 아칸의 은유다.

아코코(닭)

아코페나 Akofena

유래	상징의미
국가 예식용 검	국가 권위, 합법성, 통지자의 정당화된 권위 용맹, 용기, 영웅적 행위

해설

아코페나

'아코페나(국가의 칼)'는 용기, 용맹한 행동 혹은 영웅적 행위를 인정하는 심벌이다. 영웅적 행위, 용맹한 행위, 용기 있는 행위는 인간 내면의 기질을 증명한다. 아코페나는 이러한 인간의 특징들과 관련이 있다. 아칸 전사들은 영웅적 행위와 용맹으로 유명했다. 그들은 18세기와 19세기에 서부 아프리카에서 가장 용맹한 용사들이었다. 용사의 칼은 용감한 전사를 나타내고 모범적 전사를 의미했다.

또한 칼은 다른 상징적 의미를 지니고 있었다. 아프리카 사회에서 칼은, 나라와 종교의 기념식에서 사용되었다. 많은 경우에 있어서 칼은 행사 동안에 수장 앞에 놓인다. 종교적, 정치적 행사에서 충성을 맹세한 남자는 칼을 건네받았다. 그는 충성을 맹세한 입회인으로서 하늘과 땅을 가리킨다. 은퇴한 위대한 용사는 늘 책임지고 국왕의 칼을 지니고 있어야 한다. 칼은 때때로 상징의 동물뿐만 아니라 추상적 문양으로 장식되어 있다.

아코페나는 또한 국가의 힘과 통치자의 사법권을 나타내기도 한다. 따라서 아코페나는 아칸족에게 인기 있는 심벌로 국가의 많은 방패 문장으로 사용된다.

아콰아바 Akwaaba

유래	상징의미
미상	환영

해설

가나의 아칸족이 사용하는 트위어로 아콰아바는 '환영(welcome)'을 의미한다. 그래서 "당신을 혹은 당신들을 환영한다."라는 의미로 사용되며, 단순히 환영의 말로도 쓰인다.

아딘크라 관련 이야기

아딘크라 아두로(adinkra aduro) – 아딘크라 염료

아딘크라에 사용되는 염료 제조는 아딘크라 기술에서 가장 중요한 부분이다. 문양을 찍을 때 사용되는 염료는 '바디(badee)'라는 이름의 나무에서 벗긴 껍질을 다져서 만들어진다. 이 나무는 가나 북쪽의 사바나 지역에서 자란다. 염료를 만들기 위해서는 복잡한 공정이 필요하다. 먼저 바디나무의 껍질을 벗겨서 밤새도록 물에 적셔 둔다. 껍질이 부드러워지면 적갈색을 띠는데, 더 부드럽게 될 때까지 막자사발과 막자로 두드린다. 그 후에 껍질을 커다란 솥에 넣어 끓이면 껍질의 색상이 물에 빠져나온다. 이 물에 '에티아(etia)'라고 하는 철가루를 넣고 계속 끓이면 검정에 가까운 어두운 갈색으로 색이 진해진다. 1/3 정도로 농축되면 액을 굵은 삼베로 걸러낸 후, 다시 껍질과 물을 넣어 끓인다. 이 과정을 몇 차례 반복하면 '아딘크라 아두로'라고 부르는 검은색의 염료가 된다. 아딘크라 아두로로 인쇄를 하면 천에 착색된 표면이 검정색의 광택을 낸다.

어덴쳄 Odenkyem (ƆDƐNKYƐM)

유래	상징의미
악어	적절성과 신중함, 사려분별

해설

'어덴쳄'은 악어를 상징화한 것으로 잘 적응되고 유연한 사람을 의미한다. 악어는 뭍에서도 살고 물에서도 산다. 악어는 살아남기 위해서 육지와 물의 조건에 적응해야만 한다. 따라서 사람도 생존하기 위해서는 악어처럼 상황에 적응해야만 한다.

아칸인들은 신중함을 현실적인 지혜로 본다. 신중한 사람은 항상 자신과 자신의 행동 그리고 열정을 컨트롤하고 올바른 길로 나아간다. 이는 정당한 목표를 달성하기 위해서 올바른 수단을 선택하는 것을 포함한다.

관련 속담으로는 "악어는 물에서 살지만 물이 아니라 공기로 호흡을 한다."가 있다.

덴쳄(악어)

에니 브레아 엔소 자 Ani Bere A Enso Gya

유래	상징의미
눈	인내, 자기 충족, 자기 훈련, 자제력

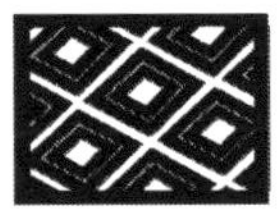

해설

'에니 브레아 엔소 자'에서 각 단어의 의미는 '에니-눈', "베레-빨갛게 되다.", "은소-밝히지 않는다."이다. 직역하면, "아무리 눈이 빨갛게 된다 해도, 그 눈이 불꽃을 튀기지는 않는다."의 의미다. 은유적인 뜻은 사람은 어떤 일을 진지하게 대할 때 그의 활동과 행동으로 판단해야 함을 의미한다. 달리 말하면, 눈이 빨갛게 된다는 것이 반드시 어떤 일에 진지하게 임하는 것을 의미하는 것은 아니다. 오히려 진지한 사람의 눈은 걱정으로 빨갛게 되지 않는다.

아딘크라 상징 '에니 베레'는 "모든 찌푸린 얼굴이 반드시 화난 사람을 묘사하는 것은 아니다."라는 뜻을 지니고 있다. 사람들이 일에 전념하고자 할 때, 그들의 열정 뒤에 감춰진 불안감이 반드시 눈에 나타나지는 않는다는 의미다.

유사한 표현으로 'Ani bere a snso gya'가 있는데, 이것은 '타인을 배려하거나 나누지 않고 이기적'이라는 뜻이다.

에니미 아예 아 Anyi Me Aye A

유래	상징의미
배은망덕	은혜를 모르는 마음에 대한 경고, 평가절하에 대한 경고

 **해설**

은혜를 모르는 마음, 또는 타인을 평가절하 하는 것에 대한 경고를 상징한다.

아딘크라 관련 이야기

격자 그리기

아딘크라 문양을 찍기 위해서는 깨끗하게 청소되어 있는 평평한 땅 위에 직물을 펼쳐놓고 나무 핀을 꽂아 팽팽하게 한다. 때로 직물을 올이 굵은 삼베로 씌운 두꺼운 판지 혹은 긴 판자 위에 펼쳐서 못으로 고정시킨다. 이렇게 하면 더 부드러운 문양 표면을 만들어낼 수 있다. 문양 찍는 사람은 매트에 쪼그리고 앉거나 무릎을 꿇고 직물에 문양을 찍는다.

문양을 찍기 전에 나무로 된 포크모양의 빗을 염료에 적셔서 직물에 장방형의 격자들을 그린다. 이 격자들을 '은치무(Nkyimu)'라고 부르는데, 이 격자들은 아딘크라 인쇄의 첫 단계이자 최종적인 제품의 느낌을 결정짓는 중요한 요소이다. 은치무를 그리는 빗은 '에메나(emena)' 혹은 '센산두아(sensandua)'라고 부른다. 두 개 혹은 세 개의 이가 있는 빗은 '아페(afe)'라 한다.

에반 Eban

유래	상징의미
울타리	안전함, 보안, 사랑

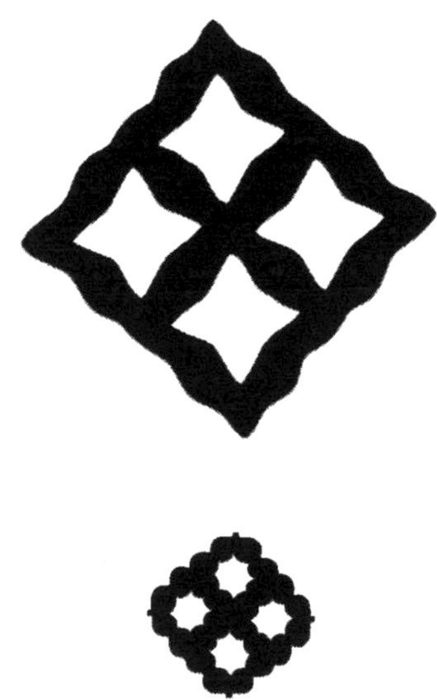

해설

아칸족에게 집은 특별한 장소다. 집을 지을 때는 땅의 경계나 한계를 설정할 필요가 있다. 그래서 울타리가 세워진다. 울타리는 물리적 장벽이며 가족에 속하지 않는 것들로부터의 방어막이다. 울타리가 둘러쳐진 집은 이상적인 거주지로 간주된다. 은유적으로 울타리는 외부의 영향에 노출되는 것으로부터 거주자들을 감싸고 방어한다. 따라서 '에반'은 보안, 보호, 안전함의 상징이다.

울타리가 제공하는 안전함과 방어의 의미 덕분에, 아칸족의 상징 에반은 가족의 사랑 속에서 찾을 수 있는 보호 및 안전의 의미와 연결되어 있다.

이러한 사실로부터 에반은 안전과 보호의 의미, 사랑의 의미를 가진다.

에뷔쉬아 파 Abusua Pa

유래	상징의미
좋은 가족	가족의 유대감, 부족 간의 충실함, 가족의 지지

아딘크라 관련 이야기

문양의 개수와 뒤아 코로(dua koro)

천위에 격자 그리기가 끝나면 장방형의 격자들 안에 문양을 찍는다. 문양들은 정확하게 격자선 안에 위치해야 한다. 때로는 격자를 그리는 과정에서 변형을 만들기도 하는데, 커다란 X자 패턴들을 '센산두아' 빗으로 직물 전체에 그린다. 이 경우에도 문양은 격자 안에 위치해야 한다.

직물에 찍는 문양의 종류 수는 정해져 있지 않다. 일반적으로 적으면 5~6개 정도의 문양을 찍고, 많을 경우 15~20가지 문양을 찍는다. 때로는 단 하나의 문양으로 인쇄를 하는 경우도 있는데, 이렇게 문양의 종류가 하나인 직물을 '뒤아 코로(dua koro)'라고 한다. 보통 뒤아 코로는 흰색이다.

에비 테 이에 EBI TE YIE

유래	상징의미
미상	불공평, 부당함, 숙명

 해설

어떤 사람들은 다른 사람들보다 더 잘 살려고 한다.

아딘크라 관련 이야기

문양 찍기

문양 찍는 사람은 빠르고 정확하게 직물에 빗질로 격자를 긋고 문양을 찍어낸다. 직물 전체에 문양을 찍는 과정을 끝내는 데 대략 1시간가량 걸린다. 경우에 따라서, 작업의 공정 속도를 높이기 위해 두 사람이 함께 작업하는 경우도 있다.

수십 번 문양을 찍은 다음, 염료가 스탬프의 세밀한 부분에 엉기거나 문양이 번지는 것을 막기 위해서 스탬프를 깨끗한 물로 헹군다. 스탬프들은 보통 조롱박이나 도자기 그릇에 보관된다.

에세니 테크레마 Ese ne Tekrema

유래	상징의미
이와 혀	우정, 통합, 향상, 진보, 성장, 친절함, 상호의존

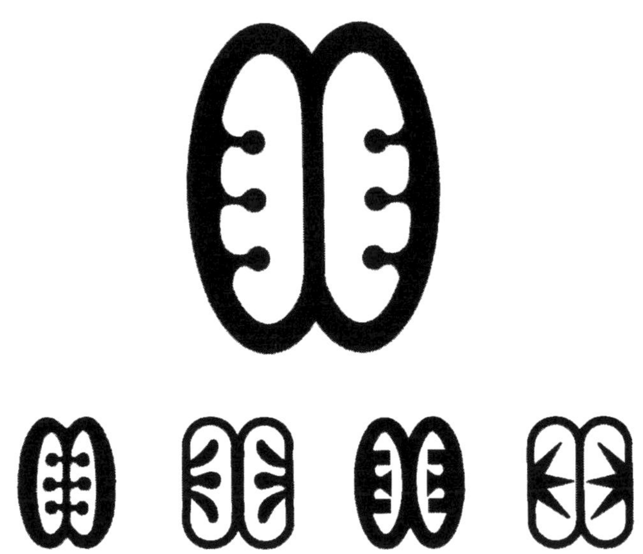

해설

'에세니 테크레마(이와 혀)'는 아이들의 치아 모양에서 유래한 것이다. 아칸 사회에서 어린아이의 돋아나오는 이는 유년기 때의 '발전' 혹은 '성장'의 징표로 여겨진다. "어떤 아이도 치아를 가지고 태어나지 않는다."라는 아칸 속담이 있다. 이 속담은 "사람은 성장하고 진보한다."라는 뜻으로 사용된다.

아칸족의 세계관에서 개인의 성장과 발전은 매우 중요한 요소이다. 한 개인으로부터 사회에 기여하는 존재로의 발전은 가족과 종족, 국가를 유지하는 근간이다. 즉, 한 개인이 생산적인 성년이 되고 그에 따른 책임감을 갖는 것은 가족과 국가의 연속성을 보장하는 핵심적인 내용을 구성한다. 아칸족에게 있어서 개인의 발전은 가족과 국가의 번영에 이바지하는 것을 전제로 한다.

에소노 아난탐 Esono-Anantam

유래	상징의미
코끼리의 발자국	리더십, 보호, 힘, 안전

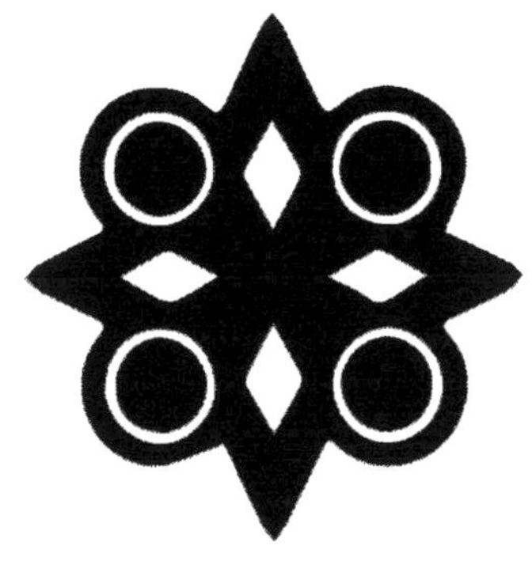

아딘크라 관련 이야기

코끼리 무덤의 전설

옛날에 한 떼의 코끼리 무리가 산쿠루 강가에 살고 있었다. 이들은 힘세고 현명한 코로를 왕으로 모시고 있었다. 어느 날, 멋쟁이 작은 새 한 마리가 코로 왕의 상아 위에 올라 앉아 겁먹은 목소리로 말했다.

"힘센 코로님. 두 발 달린 검은 괴물들이 우리 땅에 들어왔어요. 그들은 이상한 무기를 가지고 코끼리들을 마구 죽이고 있답니다. 그들이 지나는 곳은 모두 황폐해지고 있어요."

코로가 웃으며 말했다. "그 괴물들을 내가 알고 있단다. 인간들이라고 하지. 그들은 작고 힘이 그리 세지 않아. 더군다나 그들의 무기는 코끼리의 두꺼운 가죽을 뚫을 수 없단다." 그런데 얼마 시간이 지나지 않아, 코로에게서 웃음기가 사라졌다. 인간들은 그리 크지도 않고 힘도 세지 않지만, 그 수가 많았다. 인간의 무기가 코끼리의 두꺼운 가죽을 뚫을 수는 없는 것은 분명했다. 하지만 정확히 겨냥한 화살로 코끼리의 눈을 맞힌다면, 코끼리들은 죽을 수도 있을 것 같았다. 인간들은 숲을 밭으로 만들기 위해 불을 질렀다. 게다가 심한 가뭄까지 그 지역을 엄습했다. 코끼리들은 궁지에 몰려 절망적인 상태가 되었다. 그들은 하나 둘, 배고픔으로 혹은 검은 인간들의 무기로 죽어갔다.

어느 날 코끼리들의 왕 코로가 신하들을 모두 불러 말했다.

"이제 이 땅에는 더 이상 신의 축복이 내려지지 않는 것 같소. 기아와 검은 인간들이 우리를 괴롭히고 있어요. 이곳을 떠나야 합니다.

아딘크라 관련 이야기

석양을 향해 가봅시다. 그 곳에 도착할 때까지 우리가 부딪히는 모든 장애를 다 극복해 내야 합니다. 늪이건 검은 인간이건. 우리는 수가 적어도, 원숭이보다 열배나 힘이 세지 않습니까! 우리 모두 목적지에 도착할 수 있을 것이요! 그리고 일 년에 며칠간은 이곳으로 다시 돌아오는 겁니다. 비가 내린 후 첫 번째 달로 정합시다. 이렇게 해서 우리 자손들이 이곳을 알게 하고 노인들과 병자들은 이곳에서 그들의 임종을 마칠 수 있도록 합시다."

가장 힘센 코로는 이렇게 말했고, 말한 대로 행했다. 코끼리들의 행렬이 지나는 곳은 마치 토네이도가 지나가는 것 같았다. 나무들은 꺾이고, 들판은 뭉개지고, 마을은 모두 망가져 버렸다. 코끼리들의 힘은 어마어마했다.

이것은 아주 오래전에 있었던 일로, 그 후에도 매년 코끼리들은 같은 여정을 되풀이 하면서 그들이 예전에 살았던 고향으로 돌아온다. 자손들에게 그들의 옛 고향을 보여주기 위해, 그리고 노인들에게는 고향에서 마지막 삶을 보내고 그곳에 묻힐 수 있도록 하기 위해서다. 그날 이후, 숲속에서 코끼리의 시체는 더 이상 발견되지 않는다. 그들은 산쿠루 강가에서 죽기 때문이다. 바로 그 곳에, 인간은 어느 누구도 발견할 수 없는 코끼리들의 무덤이 있다.

– 나이지리아/베냉, 요루바족 전설

에워라데 바아탄포 Awurade Baatanfo

유래	상징의미
어머니 신	정신 수양, 창조자의 여성적 속성

아딘크라 관련 이야기

건조와 세탁

문양을 다 찍으면 직물들을 햇볕에 건조시킨다. 이 건조과정을 거친 직물은 뻣뻣하게 된다. 제작자는 직물을 건조시킨 후에 시장으로 가져가서 나란히 전시해 두고 구매자에게 판다.
아딘크라 물감은 수성이기 때문에 아딘크라 직물은 물세탁을 권하지 않는다. 아딘크라 직물로 만든 옷은 아주 가끔씩 착용되는 것이기 때문에 물세탁을 하지 않고 바람에 말리거나 드라이클리닝을 한다.

에위아 리푸이 / 오위아 아 레퓌에

Awia Repue / Owia A Repue

유래	상징의미
태양	진보, 재개, 발전, 활력, 생명의 불꽃, 온기, 에너지

해설

'에위아 리푸이'는 '오위아 아 레퓌에(Owia A Repue)'라고 부르기도 한다. 이 상징은 떠오르는 태양을 상징화한 것으로, 왕을 태양으로 여기는 아칸인들의 풍습과도 관련이 있다. 왕은 빛을 주는 자이자 에너지와 활력의 근원이기도 하다. 이 상징은 1969년 가나의 일반 의회 선거에서 진보당의 심벌이 되었다.

에파 Epa

유래	상징의미
수갑	노예, 평등, 법, 정의

해설

식민통치 시절에 수갑은 포로들을 체포하기 위해서 사용된 규제 도구였다. 이후로 그것은 합법성, 법, 질서의 상징이 되었다. 손에 수갑을 찬 모습을 보인다는 것은 개인과 가족, 그리고 지역 사회에 불명예스러운 일이다. 그러므로 '에파'는 무법성 또는 그에 대한 경고의 상징이다.

또한 이 상징은 "국민을 통제하고 다스리기 위한 법은 개인을 자율적 존재로 간주하지 않는다."는 의미를 가지고 있다. 법은 차별을 하지 않는다.

아칸 사회에는 "너는 그의 신하이고, 그의 수갑은 항상 네 근처에 있다."는 속담이 있다.

에파(수갑)

예베시아 비옴 Yebehyia Biom

유래	상징의미
우리 다시 만나요.	작별인사

해설

가족, 친구, 연인과 헤어질 때 작별인사를 하거나 자비를 표명한다.

아딘크라 관련 이야기

아딘크라 중심지들

아딘크라 생산은 대개 아딘크라 공예마을에서 이루어지는데, 가나에는 두 곳의 주된 아딘크라 공예 마을이 있다. 이 공예 마을에 살고 있는 대부분의 주민들은 아딘크라 생산의 하나 혹은 그 이상의 분야에 관여하고 있으며, 대부분 그 분야의 전문가들이다. 아딘크라 산업의 중심지인 이 공예 마을들은 쿠마시 근처에 위치해 있다.

가장 큰 공예 마을이며 주된 생산지인 '은톤소(Ntonso)'는 쿠마시 북동쪽 약 26킬로미터 정도에 위치해 있다. 이곳은 지금 관광지로 개발되어서 아딘크라 장인들은 관광객들과 사진도 찍는다.

'아소카' 마을은 아딘크라 생산의 옛 중심지이며 쿠마시 남동쪽 약 5킬로미터 정도에 위치한다. 이곳은 아딘크라의 전통적 중심지이고, 궁정에 아딘크라 직물을 납품하던 마을이다. 궁정에 납품되는 아딘크라는 가장 높은 품질을 요구한다. 그래서 이곳은 가장 세련되고 다양한 문양이 발견되는 곳이기도 하다.

은톤소와 아소카 두 마을 외에도, 코나, 쿠마시, 아부아카 등 다른 아딘크라 중심지도 있다.

옌 이에디에 YEN YIEDEE

유래	상징의미
미상	이타심, 목적, 공동목표

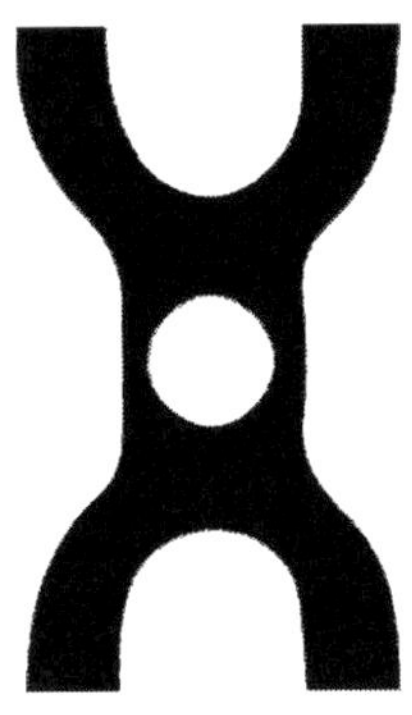

아딘크라 관련 이야기

산업으로서의 아딘크라

아딘크라 문양의 복장은 처음에는 가나의 아칸 지역에서만 착용되었지만, 시간이 흐르면서 가나 전역에서 대중적이 되었다. 아딘크라에 대한 수요는 생산과 그 다양성에 있어서 성장추세를 이끌어 왔고, 자연히 아딘크라 상인들은 아딘크라 직물에 대한 상권을 형성하면서 복잡한 유통망과 다단계 시장조직을 발전시켜왔다. 아딘크라 직물의 제조와 사용이 증가함에 따라서, 몇 개의 인기 있는 디자인이 지배적 위치를 차지하게 되었고, 이러한 인기 있는 디자인들은 아딘크라 직물 시장이 성장하는 데 기여했다. 아딘크라의 대중화와 더불어 많은 새로운 문양들이 등장했는데, 대부분 아칸 사회의 변화를 반영하는 것들이다.

오냐코폰 니 엔트나 Onyakopon ne yen ntena

유래	상징의미
신은 우리와 함께 함	신의 존재, 보호

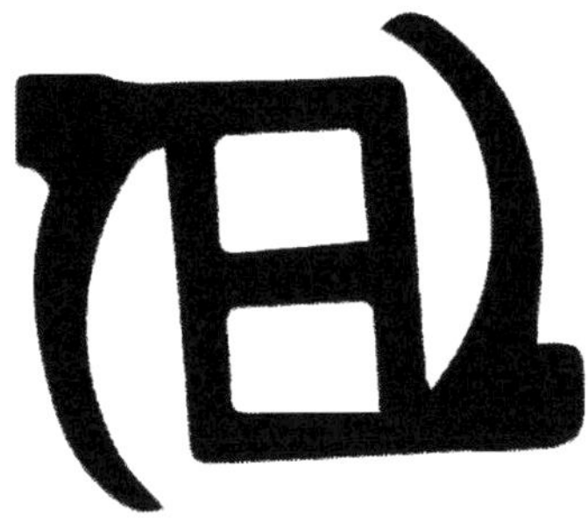

아딘크라 관련 이야기

사회변동과 아딘크라

20세기가 되면서, 가나에서 일어난 사회변동들 때문에 아딘크라의 철학적 중요성은 줄어들고 있는 추세다. 아딘크라는 이제 공장에서 대량으로 프린트되고, 장례식용 상복 이외에 일상복, 생활용품, 보석 디자인, 문신용 디자인 등 대중적 양상을 띠게 되었다. 이제 아딘크라는 철학적 의미보다는 대중적 유행을 따르고, 아딘크라를 입는 것이 보다 자유로워졌다. 인쇄된 아딘크라는 이제 일상용 의복으로 광범위하게 착용된다. 아딘크라는 협소한 장례용품으로부터 대중문화로 확장되어 아칸 문화의 대중적 주류가 되었다.

전통적 수작업으로 만들어진 아딘크라는 여전히 그 정신적 중요성을 인정받고, 전통 복장으로서 각광을 받지만, 이제는 결혼식, 축제, 성인식, 그리고 사교 행사 등 특별한 행사들에만 사용된다. 보통 흰색과 노란색 계통의 아딘크라는 축하를 위한 행사에 사용되고, 빨간색, 적갈색, 군청색, 흑색 계열의 아딘크라는 애도행사 동안 사용된다.

오냐코폰 에니와 Onyakopon eniwa

유래	상징의미
신의 눈	신의 편재성

아딘크라 관련 이야기

아딘크라 의미의 소멸

아딘크라는 이제 캐주얼, 평상복에도 사용되고 있다. 오늘날 아딘크라 직물을 입는 많은 이들은 그 상징들을 '읽을' 줄 모른다. 특별한 디자인에 대한 개인적 선호는 대개 단순히 디자인 자체의 아름다움과 기하학적 패턴 혹은 상징이 가지고 있는 간략한 개념에 기초한다.

아딘크라를 입는 많은 사람들은 그것이 가지고 있는 매력을 좋아하지만 그 상징들 뒤에 있는 심오한 정신적 문화적 의미는 이해하지 못한다. 몇몇 아딘크라 판매상들도 그 상징들을 '읽을' 줄 모를 수 있고, 상징들의 깊은 정신적 의미를 알지 못한다. 그 결과 대부분의 상징의 의미는 판매자들에게 알려져 있지 않다. 가나에는 매우 다양한 아딘크라 스탬프들이 존재하지만 그 모든 상징들의 목록을 작성하고 출판하고자 하는 시도는 아주 소수로 행해지고 있을 뿐이다. 쿠마시와 아크라와 같은 아딘크라 전통공예 도시에서도 고객들은 상징들의 의미를 더 이상 묻지 않는다.

오돈녜라 피에 콴 Odo Nyera Fie Kwan

유래	상징의미
사랑은 돌아오는 길을 결코 잃지 않음	사랑, 헌신, 충실함

해설

'오돈네라 피에 콴'은 사랑과 헌신의 상징이다. 그것은 결혼한 부부나 연인들의 강한 결속력을 나타낸다. 사랑을 바탕으로 한 상대방에 대한 헌신과 믿음은 세상의 어떠한 어려움도 극복해 낼 수 있는 가장 강한 힘이다.

아칸의 격언에 따르면, "사랑받는 사람은 결코 사랑하는 사람의 집으로 오는 길을 잃지 않는다."

오바 네 오만 obaa ne oman

유래	상징의미
미상	여성 존중

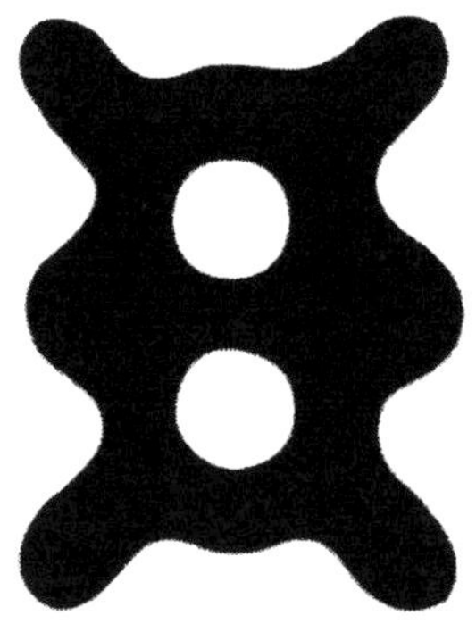

해설

아칸족은 전통적으로 모계사회였다. 따라서 남성보다 여성에게 더 높은 가치를 부여한다. 여성 존중과 관련된 아칸인들의 표현 중에는 다음과 같은 것이 있다. "소년의 탄생은 개인의 탄생이며, 소녀의 탄생은 국가의 탄생이다."

아딘크라 관련 이야기

아딘크라의 결합

아딘크라는 2개 이상의 상징이 결합되어 사용되기도 한다.

‖ 아딘크라헤네와 무쉬이데의 결합 ‖

‖ 산코파와 셰셰무뒤아의 결합 ‖

오바아탄 아웨에무 Obaatan Awaamu

유래	상징의미
어머니의 따뜻한 품	모성애, 어머니

 **해설**

어머니는 자식을 품안에 따뜻하게 품는다.

아딘크라 관련 이야기

아딘크라의 응용

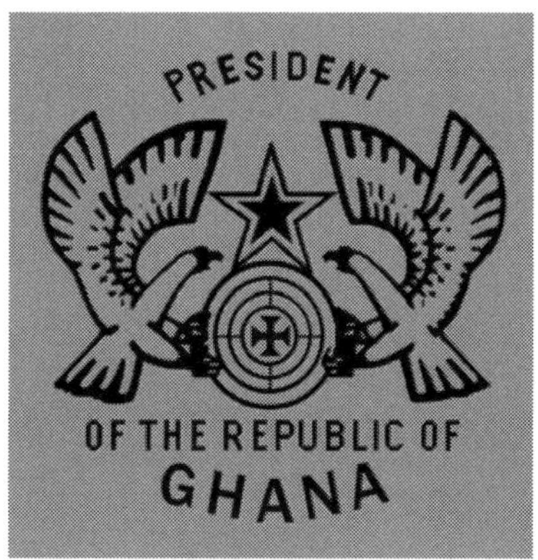

아딘크라 문양이 사용된 가나 대통령의 기

가나대학 로고

오보헤네마아 Obohemmaa

유래	상징의미
다이아몬드	귀중함, 보배, 보석

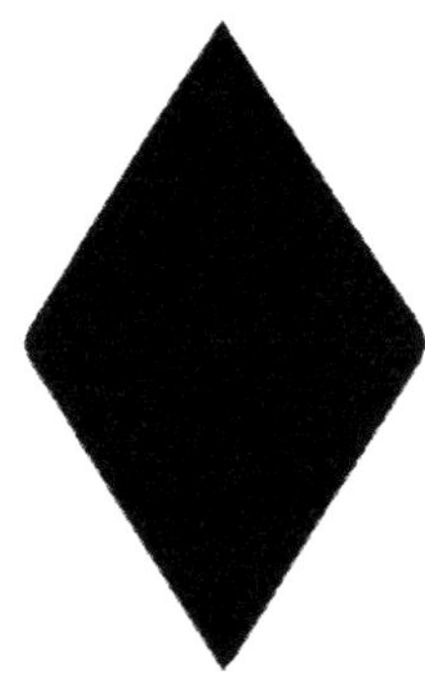

아딘크라 관련 이야기

아딘크라 연구 – 『아샨티족의 종교와 예술』, 1927

식민지 시기 이전에 사하라 사막 이남 대부분의 지역에서는 기록된 역사가 거의 없었다. 보존된 기록은 구전이거나 목재, 음악, 춤, 예술 등에 기억된 것들뿐이었다. 20세기에 들어서야 가나 아칸족의 아딘크라 상징 목록을 체계적으로 작성하려는 몇몇 시도가 있었다. 최초로 출판된 아딘크라 상징 목록은 영국인 인류학자 로버트 서더랜드 라트레이(Robert Sutherland Rattray) 선장에 의해 만들어졌다. 그는 1906년부터 1930년까지 황금해안을 지배했는데, 1921년에 식민지 감독관으로 아샨티족 거주 지역을 관할했다.

그는 20세기 초기의 아프리카 문화에 관한 책들을 다수 집필했다. 1927년에 출판된 『아샨티족의 종교와 예술』에는 53가지의 아딘크라 상징들 및 그것들의 변형에 대한 간략한 개관이 포함되어 있다. 1957년 가나가 독립한 이후로도 오랫동안 이 책은 아딘크라 상징에 대한 가장 광대한 기록이었다. 그 시기에 그가 작성한 상징 목록은 오늘날까지도 사용된다.

오스람 Osram

유래	상징의미
달	인내심, 믿음, 이해

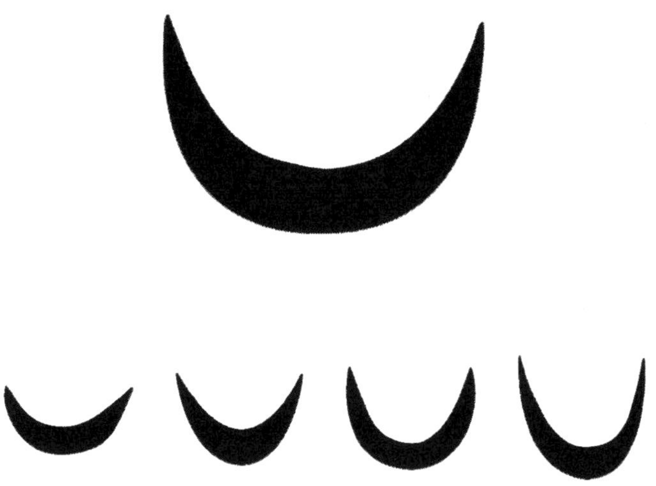

해설

'오스람'은 인내심, 믿음, 희망, 지혜, 사랑 등을 모두 포함하는 현실적인 표현이다. 우리는 조수(潮水)가 일찍 오도록 강요하거나, 달이 일찍 뜨도록 서두를 수 없다. 우리는 인내심을 가지고 기다려야 한다. 그렇기 때문에 오스람은 흔히 지도자와 그의 영향력의 형성에 비유된다. 아칸족의 격언이 말하는 것처럼, "달이 지구를 한 바퀴 돌기 위해서는 시간이 필요하다." 마찬가지로 지도자는 경험이 쌓이면서 성장하고 성숙해 간다. 시간이 되면 그의 지도력은 마치 밝은 보름달만큼 커지게 된다.

오스람은 인내심에 근거한 믿음을 의미한다. 믿음은 자신과 사람들에게 어떠한 의미를 지닌 무엇인가에 대한 믿음이다. 신념은 우리가 인생에 있어서 어떤 상황의 어려움에서 벗어날 수 있게 해준다. 자신과 세계에 대한 신념은 인간으로 하여금 자신의 단점을 돌아볼 수 있게 해주고, 중요한 일에 집중을 유지할 수 있도록 해준다. 신념은 자신이 품은 희망을 포기하지 않고, 현재의 상태에서 벗어나 솟아오를 수 있도록 기다릴 수 있게 해준다. 그래서 오스람은 인내심과 신념을 가지고 있는 부드럽고, 조용하고, 품위 있는 사람을 뜻하기도 한다.

오스람 넨소로마 Osram Ne Nsoroma

유래	상징의미
달과 별	충실함, 애정, 조화, 자비심, 사랑, 충성심, 여성성

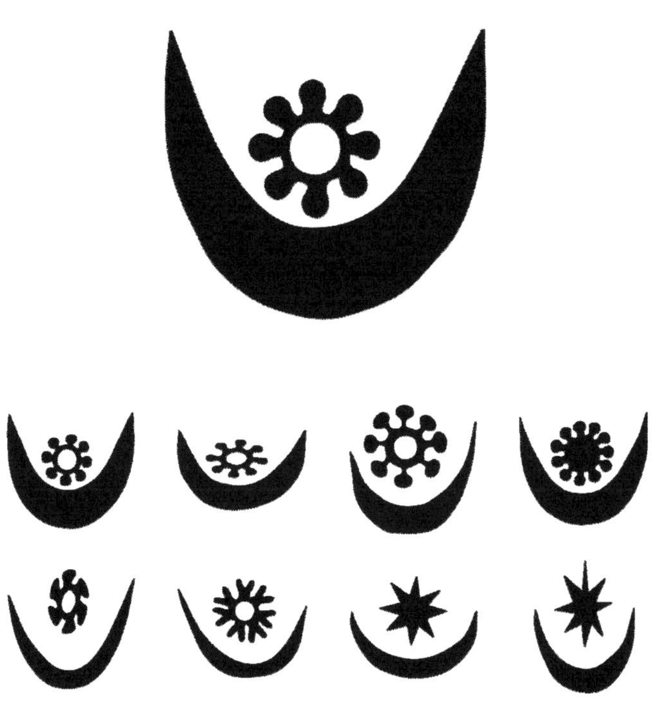

해설

'오스람 넨소로마'는 남녀의 결합에 존재하는 조화를 의미한다. 달은 흔히 여성성을 상징한다. 달은 태양으로부터 빛을 받는다. 그러므로 달은 태양과 연결되어 있다. 아칸족에게 이렇게 서로 연결되어 있음은 결혼에 있어서 남자와 여자의 상호 의존성을 상징한다. 남녀 두 개인의 상호 협력은 결혼 생활에서 성공의 본질이자 토대이다.

아칸족에게는 "북극성은 결혼 생활에 있어서의 깊은 사랑이다. 북극성은 언제나 하늘에서 자신의 남편인 달이 돌아오기를 기다린다."라는 격언이 있다. 이것은 훌륭한 아내 또는 훌륭한 여성의 자질들 혹은 여성으로서 갖추어야 할 신중함의 뜻을 담고 있다.

오스람 넨소로마는 또한 한 사람과 다른 사람과의 관계에서 갖추어야 할 친밀함의 뜻을 가지기도 하다.

오시단 Osidan

유래	상징의미
건축자 신	세상의 건축자, 창조자인 신

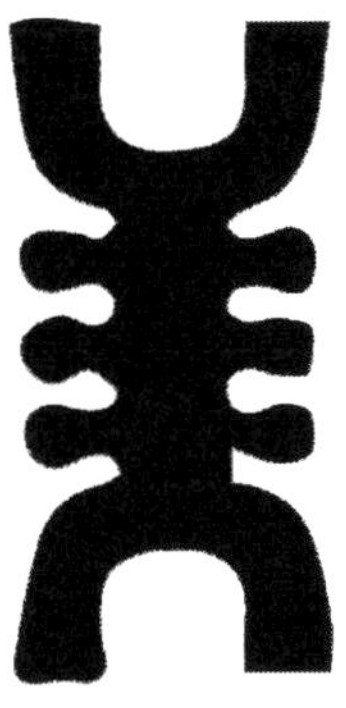

아딘크라 관련 이야기

아딘크라 연구 – 『아딘크라의 상징성』, 1969

가나의 쿠마시 소재 과학 기술대학교 예술교육학과의 교수이며 예술대학 학장으로 은퇴한 글로버(E. Ablade Glover) 박사는 1969년 『아딘크라의 상징성』을 출간했다.

그것은 아딘크라 상징에 관한 현대적 목록이었는데, 그는 그 책에 60가지의 상징들과 그것들의 변형, 각 상징의 의미, 격언과 연관된 약간의 사례들을 담았다.

오워 아체디에 Owuo Atwedee

유래	상징의미
죽음의 사다리	죽음, 인간의 궁극적 숙명

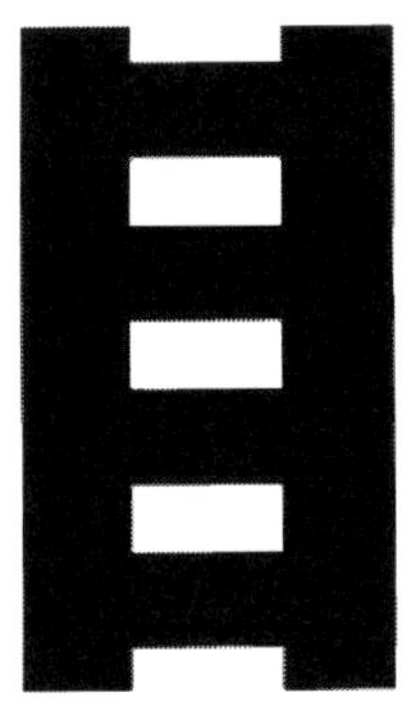

 **해설**

'오워 아체디에'는 '사람은 지위에 상관없이 죽음의 사다리를 올라야 함'을 의미한다. 즉 "모든 사람들은 삶의 결과로서 피할 수 없는 죽음을 맞는다."는 것이다. 사다리의 발판들은 삶의 단계를 나타낸다. 인간은 누구도 이러한 삶의 단계를 피할 수 없

다. 사다리의 마지막 발판은 항상 죽음이다.

아칸족에게 죽음은 이승의 삶에서 내세의 삶으로 옮겨 가는 과정이다. 대부분의 아프리카 종교에서는 사람이 죽으면 내세에서 계속 살아간다고 믿는다. 그들에게 육체적 죽음은 존재의 끝이 아니다. 육체는 인간의 본질인 영혼을 담는 그릇일 뿐이기 때문이다. 아칸족은 가족이 죽으면 사십일 동안 장례의식을 치른다. 사십일의 기간은 죽은 자의 영혼이 '언덕'을 여행하는 시간이다. 이 언덕으로부터 영혼은 죽음의 사다리를 오름으로써 하늘로 올라간다.

오워 쿰 은야메 OWUO KUM NYAME

유래	상징의미
죽음은 신을 죽임	정복 불가능한 죽음, 죽음을 극복한 신의 힘

해설

'오워 쿰 은야메'는 삶의 궁극적 목적을 상징한다. 즉 "사후 세계에서 훌륭한 조상의 자격을 얻기 위해서는 현세에서 훌륭한 덕목을 쌓으며 살아가야 한다."는 의미를 담고 있다.

아딘크라 관련 이야기

아딘크라 연구 – 『아딘크라 패턴의 언어』, 1972

1971년, 알프레드 코피 카르쿠는 가나의 수도 아크라에서 강사 생활을 하며 가나 대학교가 소유하고 있는 예술에 관한 연구논문을 발표했다. 그는 논문에 아딘크라 상징 목록을 담았다. 그는 1972년에 자신의 논문을 『아딘크라 패턴의 언어』로 출판하면서 각 상징에 대한 좀 더 상세한 정보를 담았다.

『아딘크라 패턴의 언어』는 아딘크라 상징들을 60개의 목록으로 만들어 정의를 내렸다. 이 책은 1993년에 재출간(Sebewie Ventures 출판사)되었다.

오워 포로 아도베 Owo Foro Adobe

유래	상징의미
야자수를 기어오르는 뱀	기발한 재주, 뛰어남, 용기, 끈질김

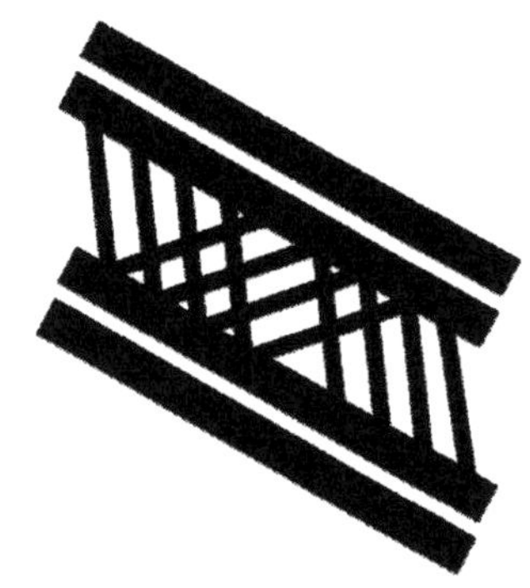

해설

'오워 포로 아도베'는 불가능해 보이는 일을 수행해 내고 목표를 달성함으로써 주어진 환경을 극복하는 태도를 뜻한다. 이것은 나무를 기어오르는 뱀의 아딘크라 상징이다. 아칸족은 큰 야자수 꼭대기에 오르기 위해 애쓰는 작은 뱀의 행동에서 강한 인상을 받았다. 뱀은 극복할 수 없는 일을 시도하려는 것처럼 보이지만, 끊임없이 움직이면서 조금씩 위로 기어 올라간다. 결국 시간이 되면 뱀은 나무의 꼭대기에 도달한다.

아칸족은 이러한 뱀의 자세를 인간의 행동에 비유한다. 이 상징은 극복할 수 없는 역경을 마주하고도 목표를 달성한 사람들에게 적절하게 적용된다. 삶에서는 개인의 목표가 이루어질 수 없는 것처럼 보일 때가 있다. 때로는 목표가 너무 멀리 있거나 개인의 능력을 벗어난 것처럼 보여서 희망이 없어 보이기도 한다. 그러나 꾸준히 나무를 오르는 뱀처럼, 개인은 인생에서 역경을 극복하고 개인적 또는 사회적 목표를 달성하기 위해 열심히 일해야 한다.

오위아 코크로코 Owia kokroko

유래	상징의미
태양의 거대함	활력, 재개

아딘크라 관련 이야기

아딘크라 연구 – 『현대 아프리카 미술과 공예』, 1974

1974년, 텔마 뉴먼(Thelma Newman)은 자신의 책 『현대 아프리카의 미술과 공예』의 1장을 아딘크라에 할애했다.
이 책에서 저자는 아딘크라 제작과정을 보여주며 그 기법과 몇몇 의복 사진을 넣었다.

오코데에 (음)모웨레 OKODEE MMOWERE

유래	상징의미
독수리의 발톱	강함, 용맹함, 힘

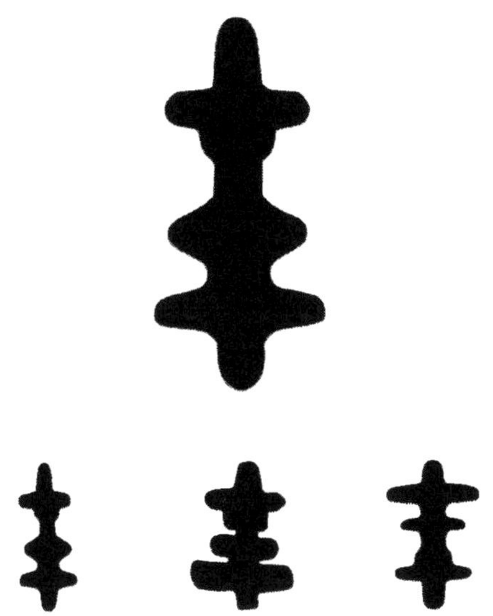

해설

맹금류인 독수리는 하늘에서 가장 강한 새이다. 독수리의 강인한 힘은 먹이를 움켜잡을 때 사용하는 발톱에 집중되어 있다. 독수리는 적이나 먹이를 공격할 때 날카로운 발톱을 사용한다. 때로는 발톱의 힘이 너무 강해서 먹잇감을 그 자리에서 죽일 때도 있다. 독수리는 심지어 무거운 먹이를 한 발로만 움켜쥐고 옮길 수도 있다. 그래서 아칸족은 독수리의 발톱을 강인함, 용맹성, 힘의 상징으로 본다.

아칸족 하위 부족 중의 하나인 오요코(Oyoko)족은 '오코데에 (음)모웨레' 상징을 부족의 엠블럼으로 사용했다. 여러 아칸족들을 아샨티 연방으로 통일하는 데 있어서 가장 공이 컸던 오비리 예보아(Obiri Yeboa) 왕과 그의 조카 오세이 투투(Osei Tutu)가 이 오요코족이다. 그래서 오코데에 (음)모웨레는 '통일과 힘'의 의미를 갖기도 한다.

아딘크라 상징 중에는 자연의 여러 양상들이나 특정한 동물들의 특징을 개인이 추구해야 할 가치관으로 연결지은 것이 많은데, 오코데에 (음)모웨레가 바로 그런 예이다.

오쿠아포 파 Okuafo Pa

유래	상징의미
선량한 농부	노고(勞苦), 기업가 정신, 산업, 생산성

해설

착하고 열심히 일하는 농부는 농장이 아무리 크더라도 끝까지 경작한다.

아딘크라 관련 이야기

아딘크라 연구 – 『산코파-아딘크라 시』, 1976

1976년, 가나 출신의 시인인 알버트 카이퍼-멘사(Albert W. Kayper-Mensah)는 『산코파-아딘크라 시』를 썼다.
이 책에서 그는 67가지의 상징들을 정의하였으며, 각 상징마다 한 편의 시와 각 단어와 문장 구성요소들에 대한 해설을 담았다.

오툼푸오 우오 예 야 otumfuo Wuo Ye Ya

유래	상징의미
최강이 사라짐	오툼푸오 오포쿠 와레 2세 왕의 승하

해설

이 상징은 가나의 전신인 아샨티 왕국(1701–1957)의 15대 왕 오툼푸오 오포쿠 와레 2세(Otumfuo Opoku Ware II : 1919 ~ 1999)의 죽음을 기리기 위하여 제작된 상징이다.

아딘크라 관련 이야기

아딘크라 연구 – 『아딘크라 화법(話法)』, 1976

1976년, 안젤라 크리스티안(Angela Christian)은 가나의 수도 아크라에 있는 가톨릭 서적 센터에서 『아딘크라 화법(話法)』을 출간했다. 그녀는 이 책에 27가지 상징 목록과 그것들의 의미 및 상징성을 담았다. 그녀는 각각의 상징을 정의하기 위해 그것에 상응하는 인용구로서 비슷한 생각과 감정을 표현하는 『성경』의 구절을 넣었다.

오헤네 에니와 Ohene Aniwa

유래	상징의미
왕의 눈	아름다움, 경계, 보호, 안전, 뛰어남

해설

'오헤니 에니와'는 지도자의 역량을 의미한다. 훌륭한 지도자는 자신의 영역에서 무슨 일이 벌어지고 있는지를 알고 있으며, 자신의 주변에서 일어나고 있는 사건의 의미를 이해하고 장악할 수 있다.

아칸족은, "왕은 눈이 매우 많기 때문에 주변의 모든 것을 볼 수 있다."고 생각했다. 그렇기 때문에 누군가가 잘못을 하면, 왕은 모든 것을 볼 수 있기 때문에 왕에게 숨길 수 있는 것은 아무 것도 없다고 여겼다. 그래서 전통적으로 왕의 눈을 매의 눈이라 불렀다.

'매의 눈'은 왕이 자신에게 보고를 올리는 많은 정보통 또는 감시기구를 가지고 있다는 뜻이다. 그 결과 왕은 모든 것을 알고 있는 것이다. 이러한 정보수집 능력을 가지고 왕은 항상 주변을 경계하며, 국민들 사이에서 무슨 일이 일어나고 있는지를 세심하게 살피고 훌륭한 리더십을 발휘해야 할 의무가 있었다.

오헤니 에니와는 현대에 이르러 "누군가가 공동체의 이익을 해하는 잘못이나 해로운 일을 했을 때, 그것이 밝혀질 가능성이 높다."라는 의미로도 사용된다.

오헤네 에쟈 Ohene adwa

유래	상징의미
왕의 의자	국가, 왕권, 정치력

 **해설**

'오헤네 에쟈'는 왕이 앉는 의자이다. 이 의자는 단순한 의자가 아니라 왕이 가지고 있는 최고의 권위를 상징하는 만큼 호화로운 조각으로 장식된다. 이러한 왕의 의자는 아샨티 통일의 상징이기도 하며, 신성함을 지니고 있고, 민족의 영혼을 상징적으로 대변한다.

아딘크라 관련 이야기

아딘크라 연구 – 『아딘크라 의복에서 상징들의 의미』, 1978

1978년, 가나의 예술사 학자인 쿼쿠 오포리-안사(Kwaku Ofori-Ansa) 박사는 『아딘크라 의복의 상징들 – 아프리카인의 상징성(제1집)』을 출판하였다.
이 책에서 오포리-안사는 64가지의 아딘크라 상징들과 그 변형들을 소개하고 아딘크라의 탄생 배경을 밝히면서 동시에 개별 상징의 의미와 간단한 아딘크라 스탬프를 설명한다.
1993년 개정판『아딘크라 의복에서 상징들의 의미』에서 그녀는 아딘크라 상징에 대한 설명을 새롭게 고치고, 널리 보급되어 있는 상징들의 변형을 모아 17가지 이상의 새로운 상징과 변형을 추가했다.

오헤네 체 Ohene Kye

유래	상징의미
왕관	왕권, 국가권력, 패권

아딘크라 관련 이야기

아딘크라 연구 – 『아프리카 직물과 염색기법』, 1982

1982년, 폴라코프(Claire Polakoff)는 『아프리카 직물과 염색기법』을 발간했다. 이 책에서 저자는 아딘크라의 역사와 기교를 설명하는 사진들과 스케치들을 담고 있는 아딘크라에 관한 긴 장(章)을 소개하고 있다. 폴라코프는 이 책에서 자신이 직접 수집한 20가지 이상의 아딘크라 상징들과 그 변형들을 설명하고 있다.

오헤네 친니에 Ohene Kyiniie

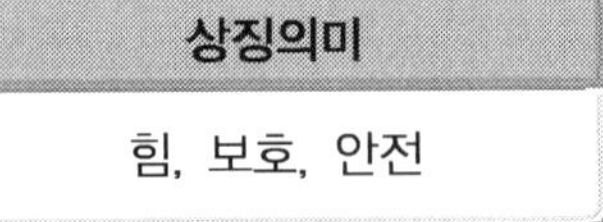

유래	상징의미
왕의 우산	힘, 보호, 안전

아딘크라 관련 이야기

아딘크라 연구
– 『의복에 표현된 상징 : 가나 아칸족의 아딘크라 예술』, 1986

1986년, 다니엘 마토(Daniel Mato)는 인디애나 대학교에서 『의복에 표현된 상징 : 가나 아칸족의 아딘크라 예술』이라는 제목으로 박사학위 논문을 썼다. 논문을 위해 현지답사를 하는 동안 그는 스탬프 제작자, 의류 제작자, 구전 역사학자 등과의 면담을 하는 한편, 쿠마시 궁중에서 왕족의 아딘크라 복장을 입고 있는 원로들과 대담을 열기도 했다. 그는 300가지 이상의 상징들 및 그것들의 변형들을 상세히 기록하고, 자신이 현지 방문에서 행한 대담 내용들을 수록했다. 또한 아딘크라 제작 기술에 관한 설명들과 아딘크라의 변화 과정에 관한 보고서도 논문에 담았다.

오헤네 투오 Ohene Tuo

유래	상징의미
왕의 총	방어, 힘, 보호, 위대함

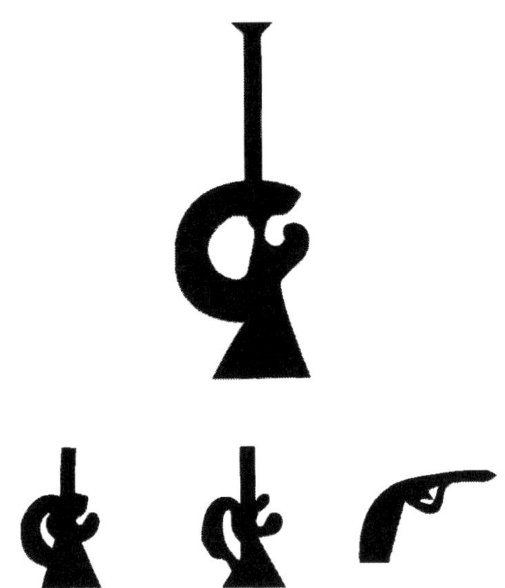

해설

'오헤네 투오'는 왕만이 사용하는 특별한 총의 형태를 묘사한 것이다. 역사적으로 총은 아샨티족이 유럽인들과의 교역에서 가장 선호하는 상품이었다. 총은 아샨티족이 주변 국가들을 정복하고 아샨티 연방을 수립하는 데 사용한 최고의 도구였다. 아샨티족은 다양한 종류의 총들을 사용했지만, 왕의 총은 가장 특별했다. 왕의 총은 길이는 짧았지만 매우 강력했다. 아칸 사회에서는 왕만이 그런 총을 가질 수 있었다.

왕의 총은 실전적 사용보다는 상징적 의미가 더 컸다. 만일 다른 종족과 분쟁이나 소동이 벌어져서 왕이 자신의 총을 쏘게 되면, 그것은 곧 전쟁의 시작을 의미하는 것이었다. 그래서 왕의 총 손잡이는 선의 옹호자로 여겨졌다.

왕은 국가적 축제나 특별한 행사 때 이 총을 쏘기도 한다. 이때는 축제나 행사가 공식적으로 시작되거나 개최된다는 신호이다. 이 특별한 총은 일반적으로 정규 민병대인 '사포헤네(safohene)'의 장이 관리한다.

오헤네 파파 Ohene Papa

유래	상징의미
선왕	모범적인 리더십, 평화로운 통치

아딘크라 관련 이야기

아딘크라 연구 – 『전통 모티브의 새로운 변형들』, 1992

1992년, 오우수-안사(Nana J. V. Owusu-Ansah)는 『전통 모티브의 새로운 변형들』을 편찬했다. 작가는 오래전부터 존재해 왔던 아딘크라 '핵심 상징들'로부터 최근의 변형까지 132가지 상징들과 그들의 대중적 각색을 담고 있다.

온얀코폰 아돔 은치 비리비아라 베예 이예

Onyankopon Adom Nti Biribiara Beye Yie

유래	상징의미
신의 은총으로 만사형통	희망, 섭리, 믿음

 **해설**

신의 은총 덕분에 모든 것이 잘될 것임을 보여준다.

가나 역사 이야기

부유한 가나 왕국

사하라를 넘어가는 대규모 무역로의 남쪽 끝에 서부 아프리카 최초의 왕국인 가나 왕국이 서기 600년 무렵에 생겨났다. 오늘날 세네갈과 모리타니, 말리 등이 자리 잡은 지역으로, 해안가에 위치한 지금의 가나보다 더 내륙지방이었다. 역사에 등장하는 가나 왕국은 광범위한 금 생산지를 차지하였지만, 이 왕국의 부유함은 원래 역사상의 도시 쿰비 살레에서 지중해 해안으로 오가는 무역을 통해 얻은 것이었다.

가나의 소닌케 민족이 지배층을 이루고 왕들을 배출하였지만, 이 왕들의 이름은 오늘날까지지도 완전히 알려지지 않았다. 옛날 가나 왕국을 방문했던 사람들은 이곳의 검은 통치자들이 지닌 엄청난 부를 끊임없이 찬양하였다.[7]

7) 루츠 판 다이크, 데니스 두에 타마글로에, 『처음 읽는 아프리카의 역사』, 안인희 역, 웅진지식하우스, 2014, p.94.

와와 아바 Wawa Aba

유래	상징의미
와와 나무의 씨	꿋꿋함, 강인함, 참을성, 숙련

해설

'와와' 나무는 단단하여 가나에서 조각할 때 널리 사용된다. 이 나무의 씨앗 또한 아주 단단하다. 아칸족은 이 나무의 단단한 씨앗에 강인한 사람을 비유한다. 이런 사람들은 진취적이며, 착실하고 심지가 굳은 사람이다. 이들은 역경을 견딜 수 있는 강인함과 의지를 갖고 있다. 아칸족의 세계관에서는, 꿋꿋함과 참을성을 가진 사람은 자신의 목표와 태도를 결정하고, 자신이 하려던 것을 이룸으로써 밝혀진다. 그의 예리한 감각은 자신과 목표 사이에서 마주치는 곤경과 고초로 인해 단단해진다.

'와와 아바'는 사람에게 주어진 행로에서 마주하는 반대와 역경에도 인내하며 지속함을 의미한다. 아칸족의 세계관에서 공동체와 국가를 강조함에도 불구하고, 개인 및 개인이 드러내는 특성들은 진정한 국민성을 기반으로 한다. 그 가운데 긍정적인 특성들은 전체 아칸족의 번영 및 존속의 기본적인 구성요소이다. 그 요소들은 각 개인들에게 결심을 굳게 하고, 실패를 하더라도 낙담하지 않고, 엄청난 역경에 대항해서 일어나 견뎌낼 것을 촉구한다. 인내는 성취가 의심스럽던 곳에서, 성취가 확실치 않을 때 임무를 완성하면서, 사람이 역경과 마주하여 극복하면서 얻어진다. 가나에서는 이러한 기질을 가진 사람을 "그는 와와 나무의 씨앗처럼 단단하다."라고 말한다.

우푸루 뒤아 파 아 Woforo Dua Pa A

유래	상징의미
좋은 나무를 오르는 자는 격려와 지지를 받음	지지, 협력, 격려

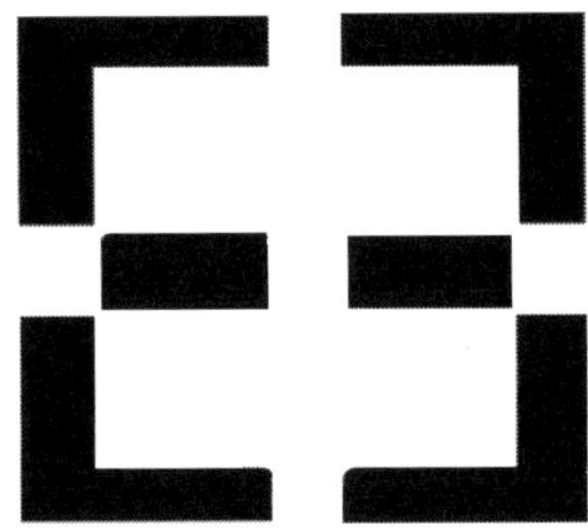

해설

좋은 나무를 오르는 자는 격려와 지지를 받을 것이다.

가나 역사 이야기

가나의 왕과 장신구

1067년 어떤 아랍 여행자가 가나의 왕에 대해 기록한 것 : "왕은 왕궁과 헤아릴 수 없이 많은 둥근 지붕을 가진 공간들을 차지하고 있다. 이들은 일종의 도시 성벽 같은 것으로 둘러싸여 있다.

왕은 목과 팔목에 여자처럼 장신구를 매달고 머리 위에는 황금으로 치장한 높은 관을 썼다. 그리고 섬세한 면직물로 만든 터번으로 이 관을 둘러쌌다. 신하들이 알현할 때나 관리들에 대한 불만을 들을 때면 왕은 일종의 정자와 같은 둥근 지붕 건물에 앉았다. 이 정자 주위에는 황금실로 수를 놓은 덮개로 장식한 말 열 마리가 둘러섰다. 그의 뒤쪽에는 귀족 소년들 열 명이 칼과 가죽으로 만든 방패를 들고 있었다. 그들은 화려한 의상을 입고 금실을 섞어 땋아 내린 머리를 하였다."[8)]

---

8) 루츠 판 다이크, 데니스 두에 타마글로에, 『처음 읽는 아프리카의 역사』, 안인희 역, 웅진지식하우스, 2014, p.95.

운사 다 무 아 Wo Nsa Da Mu A

유래	상징의미
접시 위에 있는 손	참여정부, 민주주의, 다원주의

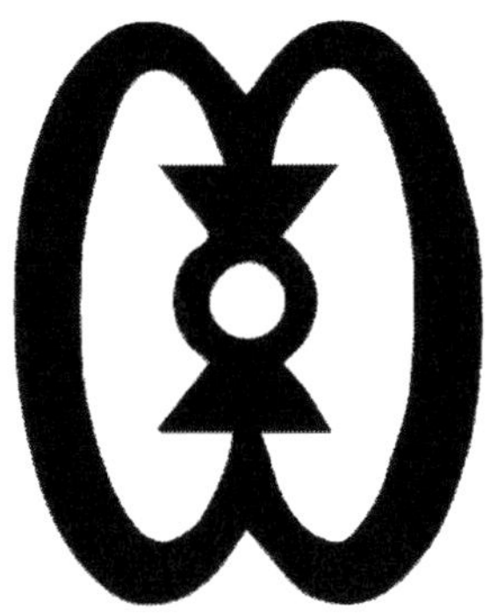

가나 역사 이야기

아샨티 왕조

아칸족의 아샨티 왕조는 가나 최대 규모이며 서아프리카에서 얼마 안 되는 모계사회이다. 한때는 지배자로서의 화려함과 부로 유명했으며, 현재는 공예품, 특히 손으로 깎아 만든 의자와 풍요를 뜻하는 인형, 화려한 켄트(kente)천 등으로 유명하다. 켄트천은 선명한 색상으로 길고 좁은 폭으로 짜인 복잡한 문양의 직물이다. 재료는 일반적으로 면이며, 항상 야외에서 남자들이 만든다. 에웨(Ewe)족도 켄트천을 짜며 그들의 기하학적 문양은 세대에 걸쳐 내려온 상징적인 도안을 포함하고 있다. 켄트천은 남부 절반에 해당하는 곳에서만 입는데 – 다른 전통 직조 형식과는 별개로 – 즐거울 때만 주로 입는다. 실제로 다른 서아프리카인들과는 다르게, 가나인들은 가면을 사용하지 않는데, 그렇다고 해서 이것이 그들이 초자연적인 힘과 그 힘을 주문으로 불러내는 데 사용되는 어떤 주물들을 믿지 않는다는 뜻은 아니다. 오히려, 가나에서는, 사당의 제단 위에서 흔히 눈에 띄는 나무나 진흙으로 만든 작은 신상을 이용하여 매우 자주 이러한 의식을 행한다. 특히 영적인 인형들은 불가사의한 힘을 가진 것으로 여겨져 아름답고 건강한 아이를 원하는 여자들이 포대기에 인형의 납작하고 살찐 머리만 나오게 해서 등에 업고 다니는 것을 볼 수 있다. 모든 조각상에서 성별은 아주 중요하며, 몸의 각 부분 – 특히 머리, 엉덩이, 가슴, 배꼽 – 은 그 크기가 과장되게 표현되어 있다.[9)]

---

9) http://www.shoestring.kr/travel/af/ar_20.html

유에씨 은카니아 uac nkanea

유래	상징의미
UAC+은카니아	기술 발전

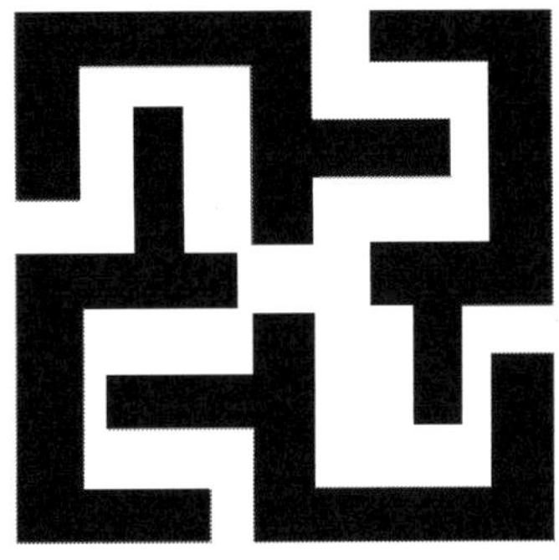

해설

'유에씨 은카니아'는 영어 철자 'UAC'와 은카니아가 결합하여 된 상징이다. 아딘크라의 몇몇 상징들은 사회 변화를 담고 있다. 그 변화들은 내·외적인 요인들에 기인했다. 유에씨 은카니아는 아칸족과 가나 사회에서 변화를 이끈 특별한 기술 발전 및 역사적 사건, 그리고 그러한 변화의 방향에 영향을 미친 요인들을 의미한다.

은남포 베누 Nnampo Pa Baanu

유래	상징의미
두 명의 좋은 친구들	우정

가나 역사 이야기

가나의 풍습

가나는 서아프리카에서 기독교 인구 비율이 가장 높지만, 전통적인 정령신앙도 여전히 숭상되고 있다. 신앙과 전통은 모두 구전으로 내려온다.

예를 들어 에웨족은 필요할 때마다 의지할 신이 600여 명 이상이다. 마을 축제와 의식은 한 명 이상의 신을 기리며 치러진다. 축제 때 주요 요리는 소스에 더 가까운 수프다. 보통은 아주 진한 국물로 전분질 음식과 같이 먹는다. 대중적인 스튜에는 땅콩, 달걀, 생선, 콩잎, 토마토를 넣은 생선국물인 포로웨(foroyeɛ) 등이 있다. 다른 주요리 코스에는 고기를 넣은 빠엘랴 같은 요리인 졸로프 쌀요리(jollof rice), 카사바 가루 반죽과 고기, 감자를 넣어 곁들인 게요리인 켐그부마(kyemgbuma), 달걀, 양파, 말린 새우, 토마토 등과 가리(gari)가 함께 나오는 가리 포토(gari foto) 등이 있다. 또 다른 약방의 감초 같은 요리인 푸푸(fufu)는, 카사바, 얌, 플랜틴 바나나 등을 익혀 퓌레로 만들어 동그란 공 모양으로 으깨 뭉쳐놓은 요리이다. 플랜틴 바나나를 튀겨 칠리 페퍼와 생강으로 양념한 디저트인 켈레웰레(Kelewele)는 거리에서 잘 팔리는 품목이며 옥수수로 만든 시원한 백색의 비알콜 음료인 아스켄키(askenkee)도 마찬가지로 인기 있는 거리의 먹거리이다. 피토(Pito : 밀레 맥주)는 북부에서 많이 마시며 남부에서는 야자수 술이 더 인기가 많다.[10)]

10) http://www.shoestring.kr/travel/af/ar_20.html

은사코, 나 은싸 아바 Nsa Ko, Na Nsa Aba

유래	상징의미
가는 손, 오는 손	협동

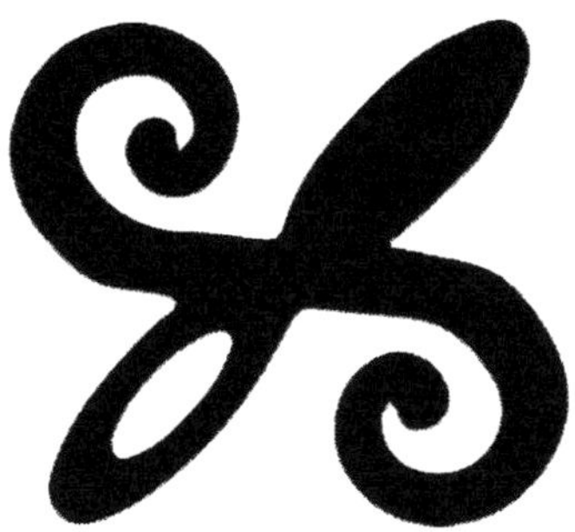

가나 역사 이야기

현재 가나의 경제

가나는 대부분의 아프리카 국가들처럼 천연자원, 광물과 원유가 풍부하다. 그러나 가나 경제는 농업에 기반을 두고 있다. 가나는 코트디부아르, 인도네시아에 이어 세계 제3의 카카오 생산국이다. 가나의 산업은 다른 서부아프리카 국가들보다 발전하였다. 가나는 2007년 발견된 해양유전으로 향후 유전국가로의 도약을 꿈꾸고 있다.

은소로마 Nsoroma

유래	상징의미
별, 천국의 아이	신의 모습, 신에 대한 믿음, 수호자, 신념과 믿음

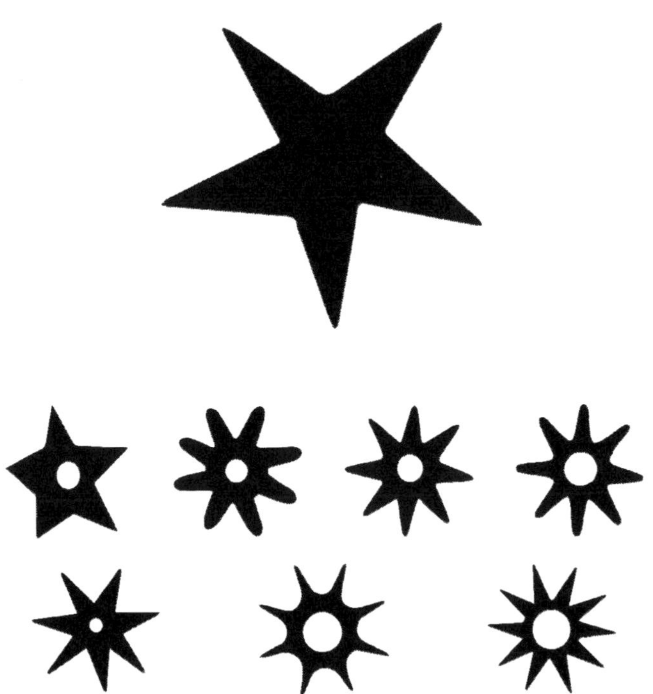

해설

'은소로마'는 모범적인 성격을 가지고 있는 사람을 상징한다. 이것은 지도자의 자격을 갖추고 있으면서, 가정이나 학교 또는 기관에서 인기 있는 사람을 나타낸다. 그러한 사람들은 일반적으로 뛰어난 기질과 성격을 가지고 있다. 또한 은소로마는 신념을 나타내기도 한다. 신념은 희망의 개념을 내포한다. 신념을 가지기 위해서는 사람은 어떤 것에 대한 희망을 품어야 하고 그것을 이룰 수 있다는 믿음을 지니고 있어야 한다.

은소로마는 또한 지고한 존재에 대한 보호와 의존에 대한 신념과 믿음의 상징이기도 하다. 아칸족의 격언에는 "지고한 존재의 자식인 나는, 스스로 모든 것을 해결하는 것이 아니다. 나의 깨달음은 지고한 존재의 반영일 뿐이다."라는 말이 있다. 이것은 인간이 가지고 있는 모든 것이 지고한 존재의 보호 아래 있다는 믿음을 보여준다.

은스레와 Nsrewa

유래	상징의미
점박이개오지(고둥 껍질)	풍족함, 부(富)

 **해설**

'은스레와'는 연체동물 점박이개오지를 뜻한다. 점박이개오지는 껍질이 매우 반질거리고 밝은 색을 띤 무척추 동물이다. 점박이개오지의 껍질은 아프리카와 남부 아시아에서 화폐로 사용됐다. 오늘날에도 가나에서 사용되는 화폐의 공식 명칭은 세

디(Sedi) 또는 카오리(Cowry : 개오지 껍질)이다.

서부 아프리카에서의 개오지 껍질의 사용은 1300년대로 거슬러 올라간다. 개오지 껍질은 음식 시장에서 음식을 구매하는데 사용되었는데, 그 가치는 영국의 화폐 단위 페니에 조금 못 미치는 정도였다. 현대에 들어 화폐의 사용이 개오지 껍질을 대체하게 되자, 개오지 껍질은 힘의 상징으로 바뀌었다.

아프리카인들에게 개오지 껍질은 영적인 물건이다. 그것은 서부 세네갈에서 자이레에 이르기까지 아프리카 대륙 전체에서 발견된다. 고대 이집트에서는 여성의 생식기를 보호하기 위한 허리에 걸치는 장신구로 사용되었다.

현대에는 개오지 껍질은 영적인 의미를 내포하게 되었고, 가면이나 의류, 그리고 다른 장신구들에 사용된다. 옷이나 가면에 개오지 껍질을 많이 부착할수록, 그것의 상징적인 힘은 더 커진다.

아딘크라 상징 은스레와는 또 다른 아딘크라인 '베세 케세(bese keseɛ)'와 흡사하다. 베세 케세는 콜라나무 열매와 관련이 있는 것이지만, 이 둘은 모두 풍요로움과 부를 상징한다.

은싸 Nsaa

유래	상징의미
수제 직물	진짜, 진품, 뛰어남

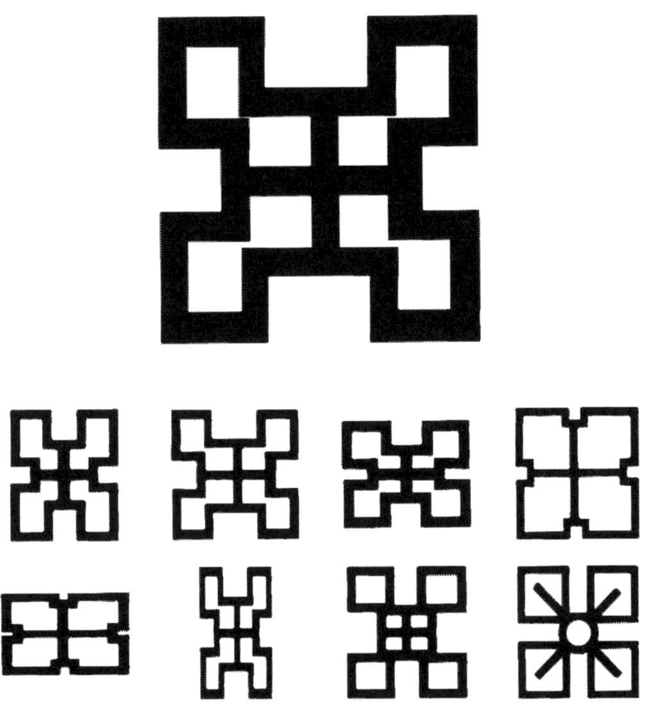

해설

'은싸'는 어떤 사물이 진품임을 나타낸다. 또한 뛰어난 품질이나 기준을 의미하기도 한다. 은싸는 니제르강 남쪽에 있는 반디아가라 절벽의 도곤 지역에서 생산되던 수제 직물이다. 낙타나 말의 털로 만든 천인데, 뛰어난 품질로 유명했다. 원래 이 천은 도곤족이 수의를 만들기 위해 생산했지만 뛰어난 품질로 인해 주변지역, 특히 아칸족과의 교역에 있어 가장 인기있는 물품 중 하나였다.

은싸의 인기로 인해 많은 유사품들이 등장하게 되었고, '은싸'라는 말 자체가 진품, 또는 뛰어난 품질을 의미하게 되었다. 뛰어난 품질이라는 의미에서 은싸는 뛰어남, 매우 높은 기준을 가지고 있는 사람이나 물건을 뜻하게 되었다. 그것은 또한 무결점과 이상의 성취를 의미한다. 은싸와 관련된 아칸 격언으로는 "은싸를 아는 사람은 그것이 오래된 것이라는 것을 알더라도 구매할 것이다."가 있다.

은야 아보트레 Nya abotere

유래	상징의미
미상	인내, 침착

가나 역사 이야기

영국과 아샨티 왕국의 조약

노예제도 폐지 후에, 영국은 현지의 요새를 세관 사무소로 사용하기로 다수의 족장들과 조약을 맺으면서 왕국의 많은 지역을 인수했다. 아샨티 왕국은 그 조약으로 상당한 이득을 얻었으며, 수도였던 쿠마시는 유럽 도시와 같은 모양새를 갖추기 시작했다. 그러나 시간이 지나면서 영국은 점차 아샨티족의 부와 영향력에 불편한 심기를 보이기 시작했다. 1873년 아샨티 왕국이 쿠마시의 포기를 거부하자, 영국은 이 도시를 점령하여 약탈하고 골드코스트를 영국의 식민지로 선언했다. 아샨티족의 격렬한 저항은 1900년까지 계속되었다. 아샨티족은 쿠마시에 있는 영국 요새를 집요하게 공격했고, 결국 전투에서는 졌지만 도시를 거의 전부 파괴했다.

은야 지디에 Nya Gyidie

유래	상징의미
미상	믿음

가나 역사 이야기

가나 제2의 도시 쿠마시

가나의 '심장'인 쿠마시는 수도인 아크라에서 북서쪽으로 약 250km 떨어져 있는 아샨티주의 주도다. 꽃과 식물이 많아 '정원의 도시(Garden City)'로도 불린다. 아샨티 왕국의 문화가 여전히 존재하는 중심도시로, 문화 센터, 아샨티 궁전 등 많은 관광지가 있다. 쿠마시에 인류가 살기 시작한 것은 신석기 시대부터라고 한다. 쿠마시에서 최초로 인류가 거주한 장소는 보숨트위(Bosumtwi) 호수가 근처라고 기록되어 있다. 오늘날의 쿠마시는 태양광 기술로 유명하다.

은야메 뒤아 Nyame Dua

유래	상징의미
신의 나무, 신의 제단	신의 존재, 신의 보호

해설

'은야메 뒤아'는 건물이나 집 앞에 세워진, 끝이 세 갈래로 갈라진 기둥이다. 기둥의 갈라진 부분에 놓인 단지나 대야 안에는 돌도끼(신석기 시대의 뾰족한 돌), 물, 허브 잎사귀들, 그리고 경우에 따라서는 달걀이 들어있다. 이것은 하늘의 신에게 바치는 제단이다. 건물에 들어갈 때, 사람들은 사악한 기운으로부터 자신을 보호하고 자신을 영과 일체화시키기 위하여 이 용기 안에 들어 있는 물을 몸에 뿌린다. 20세기 초반까지만 해도 일반적으로 사용되었던 은야메 뒤아는 이제는 성지의 앞이나 금세공품의 디자인에서만 찾아볼 수 있다.

은야메 뒤아는 또한 정화 의식 같은 다른 제례에 사용될 수 있는데, 이때는 신의 신성성과 보호성의 의미를 강조한다. 즉, 왕이나 수장은 신의 보호를 받는다는 것을 뜻한다.

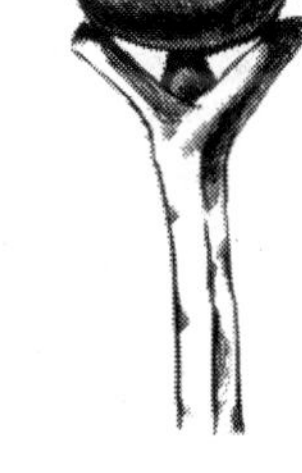

은야메 뒤아

은야메 비리비 우 수루 Nyame Biribi Wo Soro

유래	상징의미
신은 천국에 있다.	희망과 영감

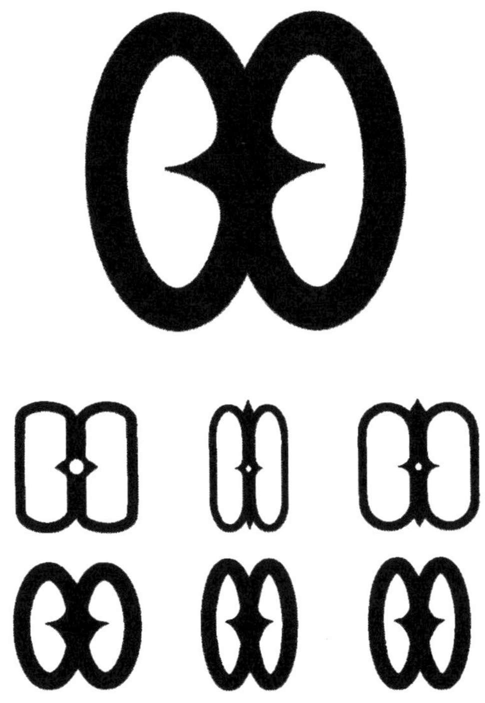

해설

'은야메 비리비 우 수루'는 신의 위대함과, 인간이 그에게 의존하고 있다는 믿음의 상징이다. 전통적으로 아칸족의 왕은 궁정의 문의 상인방(上引枋, 문틀·창틀의 일부로 문·창문을 가로지르는 가로대) 위에 이 상징을 설치했다. 왕은 매일 아침 신의 위대함을 상기하기 위해, 이 상징에 자신의 이마와 가슴을 대곤 했다.

은야메 비리비 우 수루는 희망과 영감의 영적 개념을 상징한다. 또 일반적으로 이 상징은 자신보다 위대한 어떤 존재에 대한 믿음을 반영한다. 인간은 자신의 물리적 한계를 뛰어넘는 더 강한 힘에 의존할 필요가 있는데, 이 강한 힘은 곧 하늘 높이 있는 신을 의미한다.

아칸족에게는 "신이시여 천국에는 무엇인가가 있습니다. 제가 그곳에 도달할 수 있도록 기도합니다."라는 격언이 있다.

(은)야메 에쿠마 Nyame Akuma

유래	상징의미
신의 도끼	은밀한 행동, 선한 힘

해설

'(은)야메 에쿠마'는 아칸 지역에서 발견된 신석기 시대의 돌도끼를 의미한다. 아칸족은 돌도끼를 신이 내린 벼락의 잔해로 여겼다. 그래서 이 돌도끼에는 신의 힘이 깃들여져 있다고 믿는다. 돌도끼(에쿠마)는 성스러운 장소에 들어갈 때 정화의식을 하는 장치인 은야메 뒤아의 단지 안에도 들어간다.

아칸족은 일상생활에서 많은 부적을 사용한다. 예를 들어 아칸족은 벼락에 맞는 것을 방지하기 위한 부적으로서 항상 한두 개의 조개껍질을 지니고 다녔다. 조개껍질은 후에 총기로부터 보호하기 위한 부적으로도 사용됐다.

(은)야메티 Nyame Nti

유래	상징의미
밀 줄기	신에 대한 충성심과 믿음

해설

'(은)야메티'는 밀의 줄기를 묘사한 것이다. 밀 줄기는 '인생의 지팡이'로 묘사되기도 한다. 아칸족에게 음식은 삶의 기본 전제이다. 신이 인간에게 제공한 음식이 없었다면 인간은 생존하지 못했을 것이다. 그러므로 인간이 살아갈 수 있는 것은 전적으로 신이 있기 때문이다.

(은)야메티는 '신이 존재하기 때문에' 또는 '신의 존재 덕분에'라고도 번역된다. 이것은 아딘크라 상징 '지 (은)야메(Gye Nyame)'와 동일한 문자적 해석을 갖는다. 이것의 중층적인 의미는 "신은 나의 피난처이고 요새이다."라는 뜻이다. 아칸 격언 "신이 존재하기 때문에 나는 (동물이나 가축처럼) 나뭇잎을 먹지 않는다."는 이러한 신의 은혜에 대한 감사를 표현하는 것이다.

(은)야메티의 해석에서도 나타나듯이, 아칸족은 신과의 관계에 있어서 절대적인 믿음을 보여주고 있다. 신성한 질서에 대한 아칸족의 숭배는 많은 아딘크라 상징에서 나타난다.

은야멘 우나마우 Nyame Nwu Na Mawu

유래	상징의미
신 없이 살 수 없음	전지하고 무소부재한 신, 인간의 영혼과 고대유물, 고대가 영원히 존재함

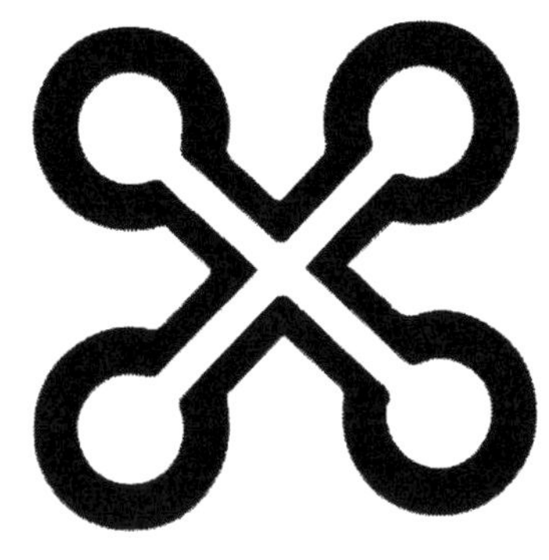

해설

'은야멘 우나마우'는 아칸족이 가지고 있는 삶의 영속성에 대한 개념이다. "신이 죽으면 나도 살지 못한다." 또는 비슷한 아칸 격언이 말하는 것처럼 "신이 죽으면 나도 죽는다. 그렇지만 신이 죽지 않기 때문에 나도 죽지 않는다."라는 뜻을 가지고 있다.

아칸인들은, 죽음은 삶의 끝이 아니라고 믿는다. 죽음은 육체의 존재를 멈추는 것일 뿐, 삶이 끝나는 것을 의미하지 않는다. 육체의 삶은 끝나지만 영혼의 삶은 지속되는 것이다. 아칸족에게 생명은 단순한 물리적 육체 이상의 것이다. 죽음 이후의 삶의 연속성에 대한 믿음은 다른 많은 아프리카 민족들처럼 아칸족의 세계관의 일부이다.

아프리카인의 세계관에서 삶은 윤회한다. 아프리카인들에게는 서구의 선조적(線條的) 개념처럼 모든 것이 시작과 끝이 있는 것이 아니다. 그러므로 아프리카인들에게 조상은 살아있는 자들의 세계와 영혼의 세계 사이의 생생하고 친밀한 관계를 유지해 주는 존재이다. 노인이 된다는 것은 이러한 조상의 반열에 가까이 다가감을 의미한다.

은얀사포 Nyansapo

유래	상징의미
지혜의 매듭	지혜, 기발함, 지성, 인내심

해설

'은얀사포'는 아칸족에게만 나타나는 상징이다. 문자 그대로의 뜻은 "현자가 묶어놓은 매듭은 바보가 아니라 현자에 의해서만 풀릴 수 있다."이다. 많은 다른 아프리카 민족들처럼 아칸족은 지혜와 지식을 전달하기 위하여 격언을 사용한다. 그러나 지혜와 지성의 말은 그것을 듣는 모든 사람들에게 쉽게 이해될 수 있는 것이 아니다. 오직 현명하거나 똑똑한 사람만이 격언의 심층에 깔린 의미를 완전히 이해하고 해석할 수 있다. 아칸족의 관습과 풍습 또는 세상의 지혜에 익숙한 사람만이 격언이 전달하는 메시지를 정확하게 이해하고 해석할 수 있는 것이다.

현명한 사람은 목표를 달성하기 위해 최선의 방법을 선택한다. 현명해진다는 의미는 폭넓은 지식과 배움, 경험, 그리고 그러한 것들을 현실의 목표에 적용할 수 있는 능력을 뜻한다. 그래서 지혜의 매듭은 그것이 가지고 있는 지혜와 지성과의 연관성 때문에 웅변술의 힘을 상징하기도 한다.

은얀사포를 적용한 목받침

은치무 Nkyimu

유래	상징의미
아딘크라 인쇄를 위한 격자형 구분	정확함과 섬세함

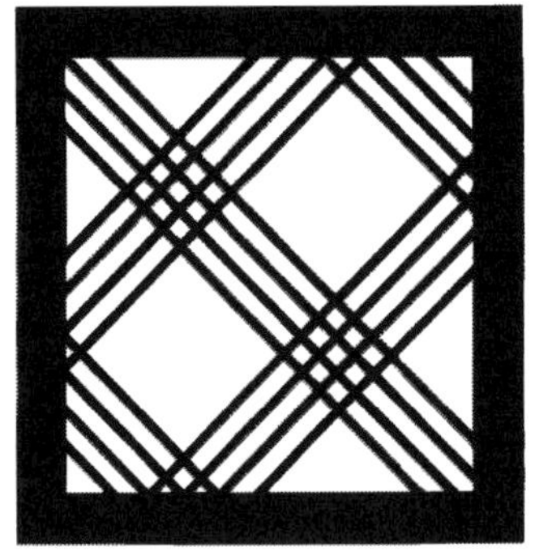

해설

'은치무'는 아딘크라 도장을 찍기 전 무늬 없는 천위에 긋는 격자를 뜻한다. 아딘크라 의상은 각 디자인들이 격자형으로 나뉜 구획 안에 위치한다. 아딘크라 의상 제작 과정의 첫 번째 작업은 인쇄공이 옷감 위에 선을 긋는 일이다. 이 구획 나누기의 과정을 '블록 만들기'라 하고, 블록 만들기에 의해 만들어진 격자들을 은치무라 부른다. 이 구획 나누기 과정은 아딘크라 의상 디자인의 필수적인 요소이다.

다음으로 은치무에 도장을 찍게 되는데, 도장을 찍는 과정은 숙련되고 정확한 도장 장인의 솜씨를 필요로 한다. 그래서 아딘크라 상징으로서 은치무는 높은 수준의 손재주의 달성을 의미한다.

은친침 NkyinKyim

유래	상징의미
비틀기, 꼬기	자주성, 강인함, 적응성, 많은 역할을 하기

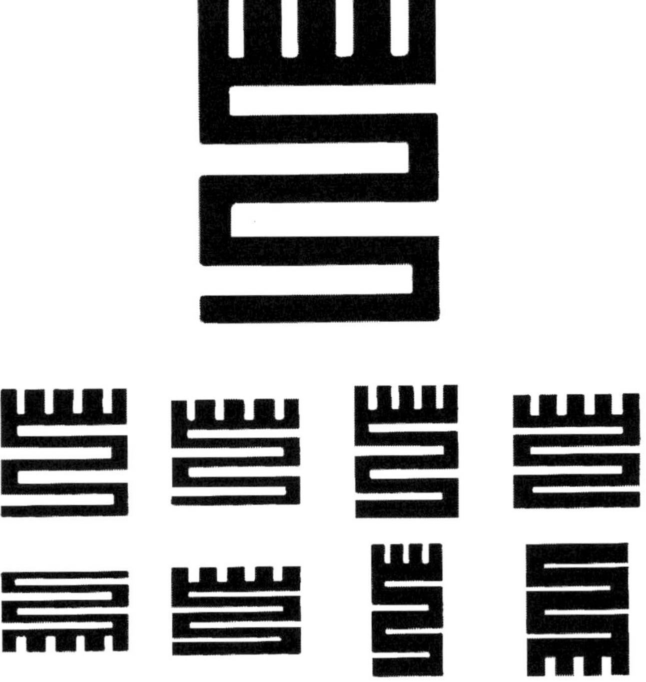

해설

'은친침'은 아칸 격언 "Obra kwan ye nkyinkyimiie.", 즉 "인생은 올라갈 때도 있고 내려갈 때도 있다." "꼬일 때도 있고 되돌아갈 때도 있다."에서 유래한 상징이다. 은친침은 아칸 문화에 있어서 대중적인 상징이다. 이 상징은 다양한 환경에 적응하고 대처하는 사람의 능력을 의미한다. 환경에 적응할 수 있는 역량은 아칸족에게 많은 동경과 존경의 대상이다.

은친침은 이러한 성격의 탄력성과 적응성을 뜻한다. 다양한 시도를 하면서 변화를 꾀하는 것은 은친침으로 불리는 사람들의 전형이다.

은코침세포 (음)푸아 Nkotimsefo Mpua

유래	상징의미
궁정 시종의 헤어스타일	충성심, 봉사할 준비가 되어 있음

해설

'은코침세포 (음)푸아'는 궁중 시종들의 헤어스타일을 의미한다. 은코침세포 (음)푸아는 대비(大妃)의 시종들의 머리에 새겨졌다. 원래 은코침세포는 죄수들을 잡아오는 일을 맡은 특별한 집단이었다. 은코침세포는 왕에 대한 뛰어난 충성심과 봉사심으로 이루어진 집단이었고, 특별한 사법기구가 없었던 시절에 사법 기구의 역할을 했다. 그들은 '푸아'라고 불리는 독특하게 깎은 머리 모양을 했다. 특별한 헤어스타일 때문에 일반인들은 그들을 즉시 알아 볼 수 있었다. 이들의 헤어스타일이 후에 아딘크라 상징 은코팀세포 (음)푸아가 되었다.

은코침세포 집단은 사라졌지만 그들의 헤어스타일은 대비의 시종들의 머리 모양으로 남게 되었고, 그들이 가지고 있던 충성심과 복종심은 상징이 되었다.

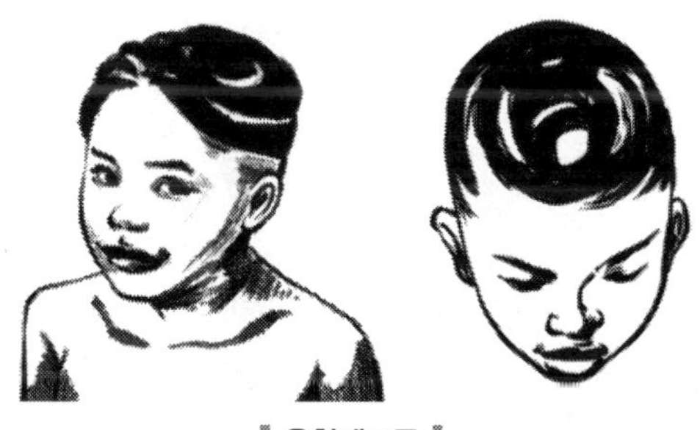

▌은침세코푸▐

은콘손콘손 Nkonsonkonson

유래	상징의미
체인 또는 연결고리	통합, 상호 의존, 형제애, 협동

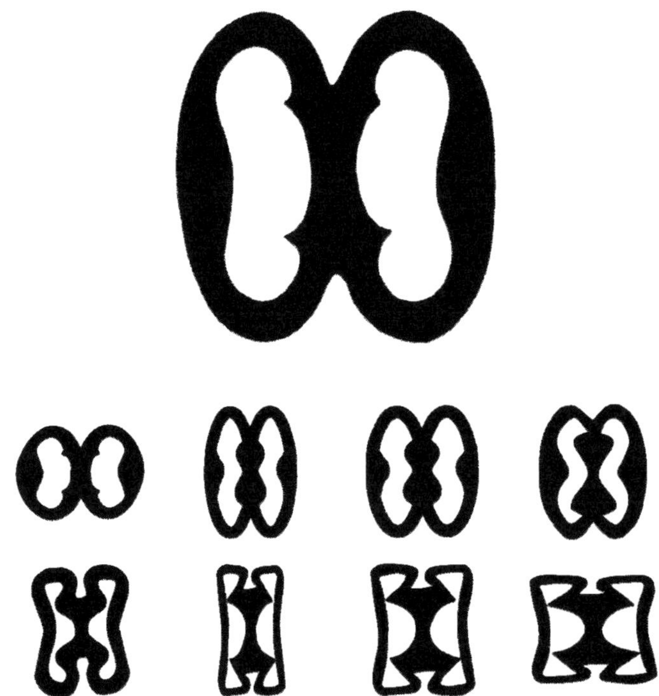

해설

'은콘손콘손'은 인간관계를 상징한다. 체인을 형상화한 은콘손콘손은 개인이 서로 연결되어 공동체를 이루고 있음을 뜻한다. 아칸족은 전통적으로 가족과 집단의 유대 관계를 중시한다. 그들의 표현에는 "우리는 삶과 죽음에 있어 모두 연결되어 있다." "같은 피로서 연결되어 있는 이들은 결코 헤어지지 않는다."라는 표현이 있다. 아칸족에게 가족은 국가의 중요한 연결고리이다.

따라서 은콘손콘손은 조직에 있어서의 통일과 책임감, 그리고 형제애와 상호의존성을 뜻한다.

체인 고리

은크라비아 Nkrabea

유래	상징의미
운명	인생에 있어서 정해진 운이나 조건

가나 역사 이야기

가나의 축제

가나의 황금의자의 도시라 불리는 쿠마시에서는 각종 축제와 행사가 펼쳐진다. 사슴 사냥 페스티벌, 바카투에 페스티벌, 페투 페스티벌, 범아프리카 역사 연극 축제 등이 그것이다.

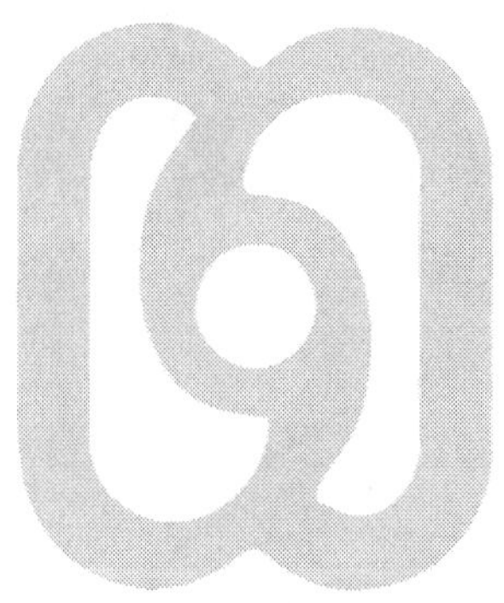

은크루마 케세 NkurumaKesee

유래	상징의미
큰 오크라 또는 마른 오크라	거대함, 뛰어남, 우월성

가나 역사 이야기

농경사회 아샨티

아샨티의 부는 기본적으로 농경에서 나왔다. 북부 삼림지대 가장자리의 남쪽 약 50km 지점에 위치한 쿠마시에 수도를 정하고 삼림지대의 농산물과 사바나의 농산물을 모두 끌어들였다. 땅은 종족들이 적절히 보유했지만 사용은 자유로웠고, 주로 표준적인 농민 가구들이 경작했다.[11]

11) 존 아일리프, 『아프리카의 역사』, 강인황 역, 이산, 2010, p. 256.

은티아세 Nteasee

유래	상징의미
미상	이해와 협동

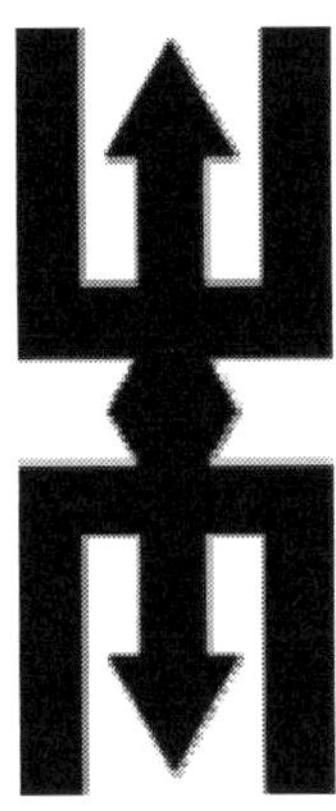

가나 역사 이야기

부유했던 아샨티족

아샨티 제국은 아프리카에서 풍부한 농산물과 광물자원을 동시에 갖춘 유일한 나라였다. 아샨티는 금으로 무기를 구입했다. 처음에는 금으로 노예도 사들였으나, 18세기에 들어 노예 값이 오르자 노예를 수출해서 군수품을 구입했다. 국내 경제를 위해 금을 아껴 써야 했기 때문이다.[12)]

12) 존 아일리프, 『아프리카의 역사』, 강인황 역, 이산, 2010, pp. 257-258.

(음)라무오 Mrammuo

유래	상징의미
교차로	인생의 도전

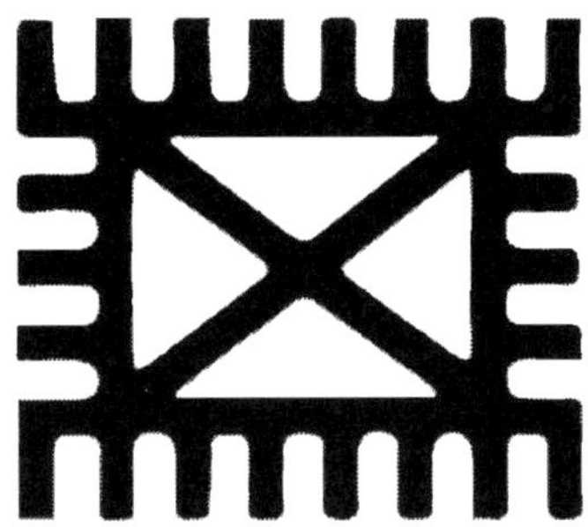

해설

'(음)라무오'는 삶의 고단한 현실, 즉 인생이라는 미지의 교차로에서 불안한 선택을 해야 하는 현실에 대한 도전을 상징한다. 따라서 (음)라무오 삶의 도전과 선택의 과정에서 균형을 유지해야 함을 내포한다.

가나 역사 이야기

아샨티 제국의 축제 '오뒤라(Odwira)'

아샨티 제국은 황금옥좌를 숭배하는 국가의식을 확립하고, 왕실의 권력을 극화한 '오뒤라'라는 축제를 매년 열었으며, 춤, 악기, 의술 및 피정복 민족에게서 가져온 다른 기술들을 집적한 하나의 복합문화를 건설했다.[13]

오뒤라 축제는 매년 9월 초에 벌어지는 아칸족의 국가적 축제이다. 다른 민족의 '추수 감사' 축제에 해당한다.

13) 존 아일리프, 『아프리카의 역사』, 강인황 역, 이산, 2010, p. 257.

(음)마라 크라도 Mmara Krado

유래	상징의미
법의 자물쇠	법과 질서, 권위와 정의

해설

'(음)마라 크라도'는 '법(음마라)'과 '자물쇠(크라두)'에서 유래한다.

유럽은 18세기에 들어서 아프리카 대륙에 대한 본격적인 식민지 통치를 하게 되었다. 식민 통치가 자리를 잡게 되자, 유럽인들은 식민지 지역의 치안 유지를 위하여 유럽식 법률제도와 감옥을 서아프리카에 도입하였다. 그 후 아프리카인들은 법을 어기면 감금된다는 것을 알게 됐고, 오래지 않아 서아프리카에서 자물쇠는 곧 법과 권위의 동의어가 되었다.

이러한 유래로 (음)마라 크라도는 법과 질서, 그리고 법을 집행하는 법정의 권위를 의미하게 됐다. 경우에 따라서 이 상징은 법을 지키지 않는 자들에 대해서 법의 처벌을 경고하는 것을 의미하기도 한다.

(음)메레 다네 Mmere Dane

유래	상징의미
시간은 모든 것을 변화시킨다.	삶의 변화무쌍함

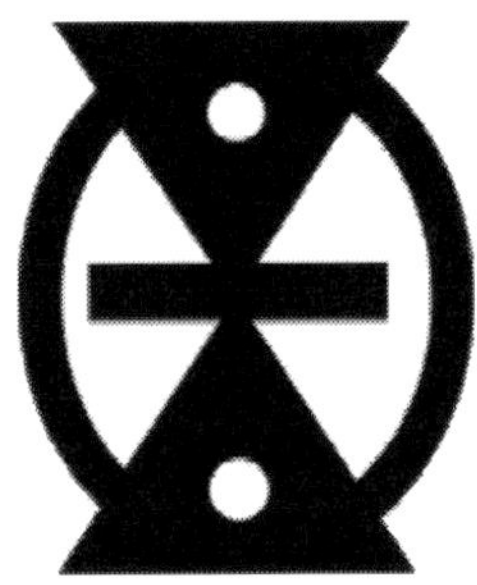

가나 역사 이야기

아콤(Akom) 축제

'아콤' 축제의 아콤 춤은 주술사들에 의해 행해졌다. 이 축제는 경제 위기가 닥쳐왔을 때 카카오를 재배하는 농부들에게 영적인 도움을 주기 위해 가나에 들여온 것으로 알려져 있다.

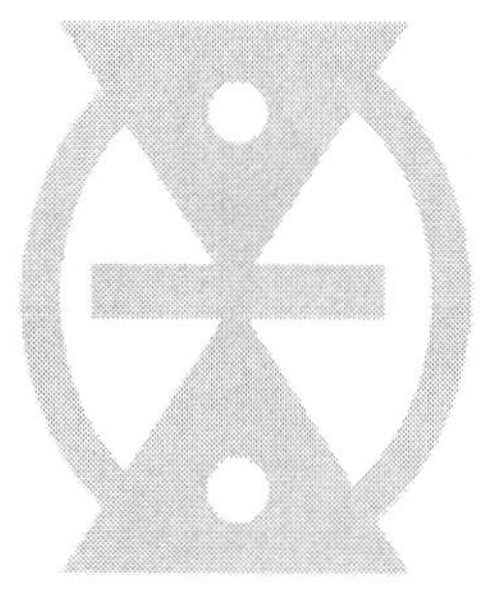

(음)모무쟌 Mmomudwan

유래	상징의미
회합실	화합, 단란함

가나 역사 이야기

가나 왕국의 쇠퇴

734년경, 아랍 세력이 가나 왕국의 금 산지를 빼앗고자 군대를 보냈지만 실패했다. 금은 가나 왕국 서쪽 왕가라와 밤부크에서 많이 생산되었다. 소금이 귀했던 시기였기 때문에 금을 소금과 교환하기도 했다.

금은 이슬람권의 중심 바그다드에서 금화로 주조되었다. 가나 왕국은 풍부한 농산물로 인구를 늘리고 소금과 금의 교역으로 경제 활동을 영위하였다.

11세기 들어 사헬지역까지 사막화되고 원거리 교역로와 중계지가 동쪽으로 이동했으며, 밤부크 금광 등의 생산량이 격감했기 때문에 가나 왕국은 점차 쇠퇴하게 되었다.[14)]

14) 역사교육자협의회, 『숨겨진 비밀의 역사 중동, 아프리카』, 채정자 역, 예신, 1994, p. 219.

음파타포 Mpatapo

유래	상징의미
화해의 매듭	조화, 희망, 평화

해설

'음파타포'는 두 세력 간에 논쟁이나 충돌을 겪은 후 형성된 유대감을 뜻한다. 아칸어로 '포'는 매듭을 뜻한다. 대립 중에는 한편이 다른 편에 대해 나쁜 감정이나 적대적인 태도를 가질 수도 있다. 음파타포는 이러한 불신과 분노를 극복하고 조화롭게 서로 타협하여 연대감을 이루는 것을 의미한다. 그러므로 이 은유는 화해의 매듭이라는 의미를 나타낸다. 또한 이 상징은 평화의 형성과 불화의 진정, 또는 불화나 불일치 이후 평화로운 만남을 갖는 것을 뜻한다.

음푸아눔 Mpuannum

유래	상징의미
다섯 개의 머리 다발	주술사의 집, 충성, 솜씨 있음

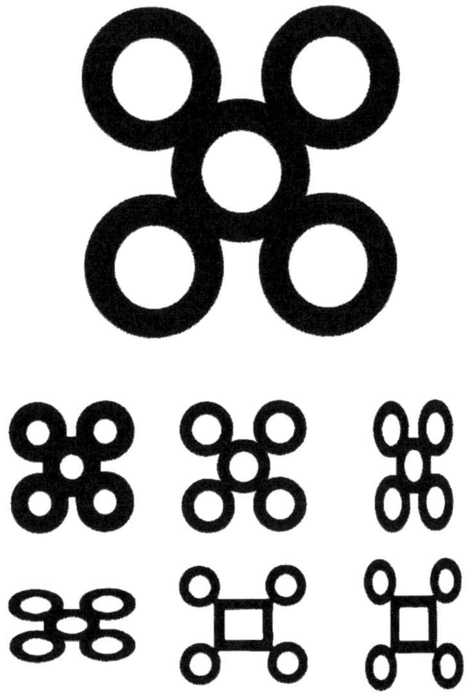

해설

'음푸아눔'은 전통적으로 내려오는 여자 주술사들의 헤어스타일이다. 따라서 이 디자인은 여자 주술사들이 머리를 다섯 갈래로 묶었던 방식에서 따온 것이다. 이에 음푸아눔은 일차적으로 주술사와 관련된 사제관을 상징한다.

궁중에서 왕을 보필하는 여자 수행원들도 음푸아눔의 헤어스타일을 했다. 이들은 재주가 뛰어나고 능력이 있는 인재들이었는데, 항상 왕에게 충성하고 주어진 일을 솜씨 있게 처리하였다. 이들로 인해서 음푸아눔은 '뛰어난 솜씨', '충성과 헌신', '고상한 의무' 등의 다양한 의미를 가지게 되었다.

오늘날 음푸아눔은 영적 위치의 의무와 연관된 성실함과 전문성의 표본이다.

음푸안크론 Mpuankron

유래	상징의미
아홉 개의 머리 다발	민주주의

해설

'음푸안크론'의 아홉 개의 면은 '국가장로위원회'의 아홉 명의 회원을 의미한다. 이것은 모두가 참여하는 민주주의를 상징한다. 또한 다수의 견해에 대한 존중과 전제주의에 대한 경계를 의미한다.

가나 역사 이야기

가나의 인물 코피 아난(Kofi Annan, 1938~)

가나 출신의 제7대 유엔 사무총장을 지낸 코피 아난은 1938년 아프리카 가나 쿠마시(Kumasi)에서 지방장관을 지낸 사업가 집안에서 태어났다. 쿠마시에 있는 과학기술 대학을 졸업한 후 미국으로 건너가 1961년 미네소타주 세인트 폴에 있는 매컬레스터대학(Macalester College) 경제학부를 졸업하였다. 대학 재학 중에는 인권운동에 가담하기도 하였다.

1987년부터 유엔 사무국 사무차장으로 재직한 후 1996년 10월 17일 유엔 사무총장이 되었다. 유엔 사무국 출신 총장으로 취임 후 '개혁총장'이라는 별명을 들으며, 유엔 사무국 내의 1,000여 개 직책을 폐지하고 대폭적인 기구의 통폐합을 내용으로 하는 제1차 유엔개혁안을 내놓았다. 이러한 추진력 있는 개혁을 가능하게 했던 것은, 대학 시절 인권운동을 했던 경력이 배경이 되었기 때문이다. 추상화가인 스위스 태생의 부인 라거그렌 아난(Lagergren Annan)과의 사이에 3남매가 있다. 2001년 국제연합과 공동으로 세계평화에 기여한 공로가 인정되어 노벨평화상을 받았는데, 현역 국제연합 사무총장으로는 처음으로 노벨평화상을 수상했다.

음프라마다인 Mframadan

유래	상징의미
바람에 견디는 집	사회적 안전, 뛰어남, 우아함, 불굴의 용기

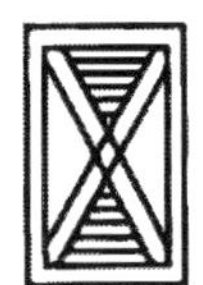

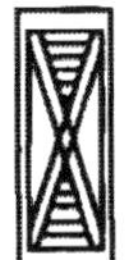
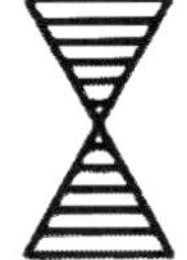
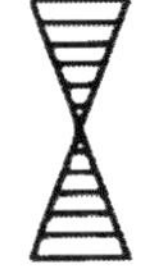
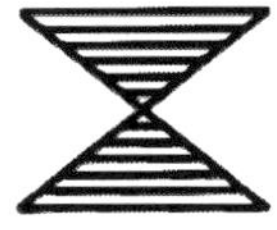

해설

'음프라마다인'은 강한 바람이나 험한 날씨에도 견딜 수 있게 튼튼하게 지어진 집을 의미한다. 아샨티족의 주택관련 규정에는 흙집은 잔디로 보강을 해야 한다는 내용이 들어있다.

음프라마다인은 이러한 건축법을 철저히 지켜, 벽은 서로 묶여있는 기둥들로 보강해야 하고, 기둥 사이는 진흙으로 채워야 한다. 또한 균열된 틈들도 없애야 한다.

외부의 위험이나 환경으로부터 안전한 보호라는 의미에서 음프라마다인은 '사회적 안전', '일반적인 존재보다 뛰어남', '그러한 집에서의 생활하는 우아함' 등의 뜻을 가지게 되었다.

음프라마다인은 또한 "인생의 역경에 굴하지 않아야 한다."는 의미도 갖는다.

가나 건축물의 강화벽

자우 아티코 Gyawu Atiko

유래	상징의미
자우의 뒷머리	용맹, 용기, 용감무쌍, 리더십

해설

'자우 아티코'는 자우의 탈출을 기념하는 상징이다. 자우는 '반타마'라 불리는 쿠마세족의 부지휘관이었다. 전하는 바에 따르면 그는 오뒤라 기념일에 머리를 이 상징의 모양으로 깎았다고 한다. (오뒤라 기념일은 9월 초에 벌어지는 아샨티/아칸 민족의 국가적 축제이다. '추수 감사' 축제에 해당한다.) 그래서 자우 아티코의 문자 그대로의 뜻은 머리의 뒷부분을 면도로 멋지게 다듬는 것을 의미한다. 흔히 서로 혼동해서 쓰는 자우 아티코와 크와타케 아티코는 왕의 수행원이나 고위 관료들, 왕을 보좌하는 보좌관들, 옛 왕실 행사의 관리들이 하던 헤어스타일이다. 왕실의 옆에서 그들은 왕과 가장 가깝고 가장 신뢰받는 인물들이었다. 왕궁에서 수행원들은 자신들의 지위를 나타내기 위해 머리를 특별한 스타일로 깎았고, 헤어스타일로 구분되었다. 이러한 헤어스타일은 오직 왕실의 일가나 왕궁의 사람들만 할 수 있었다.

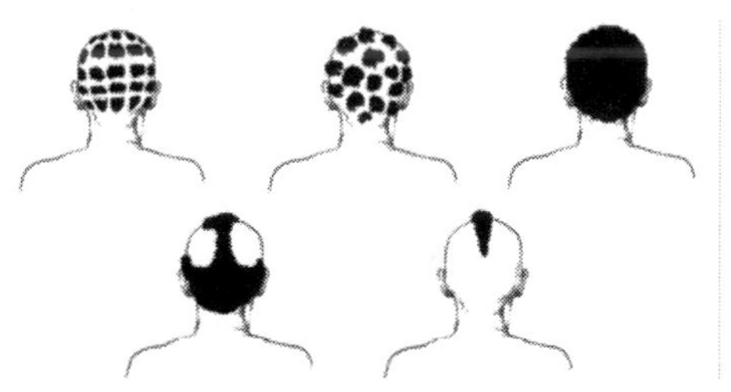

아칸족의 머리모양들

좌님멘 Dwannimmen

유래	상징의미
산양의 뿔	은폐, 겸허와 강인함, 지혜와 배움

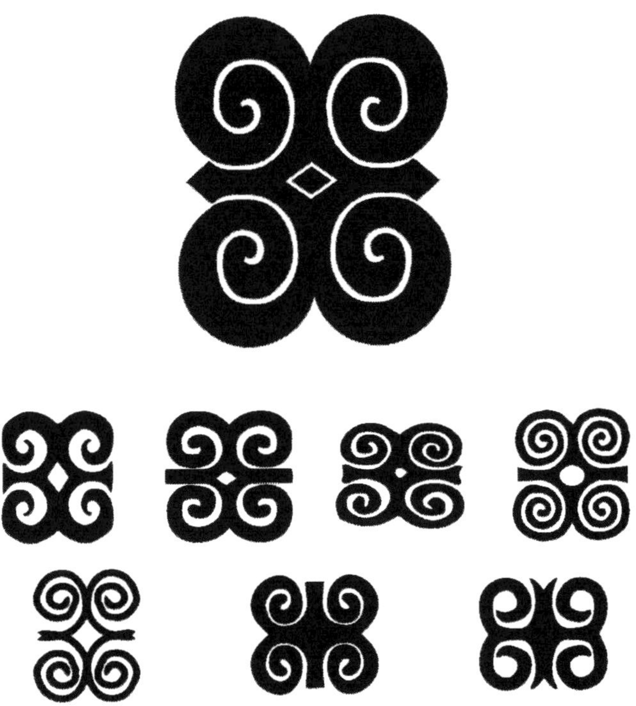

해설

아칸족은 산양을 우아하고 멋진 뿔을 가지고 있는 강한 동물로 생각한다. 산양의 뿔은 힘의 상징이다. 아칸족은 "평화를 원하는 자는 전쟁에서 양의 힘을 가지고 있어야 한다."라고 생각한다. 이러한 아칸족의 생각은, 평화는 전쟁에 대한 완벽한 대비로부터 나온다는 믿음에서 기인한다.

산양은 뿔을 무기로 삼아 포악하고 격렬하게 사용하는 경우도 있지만, 일반적으로는 암컷 짝에게 우아하고 품위 있게 다가가기 위해 사용한다. 달리 말하면, 산양의 힘은 강한 뿔이 아니라 진실한 마음에서 나오는 것이다.

같은 이치로, 재주나 지식 등의 덕목들이 사람을 뛰어나게 만드는 것이 아니다. 뛰어난 사람은 이러한 덕목들을 정신과 육체와 영혼의 측면에서 창조적으로 사용하며, 우주에서의 자신의 위치를 겸손하게 이해하는 자이다. 시간과 함께 찾아오는 배움과 지혜는 인간의 타고난 능력을 뛰어넘게 하고, 노력을 통하여 그를 뛰어나게 만들기 때문이다. 쟈님멘의 아딘크라는 바로 이러한 의미를 전달한다.

산양

지웨니 Gye-W'ani

유래	상징의미
스스로 즐겨라.	삶의 기쁨, 행복, 유쾌함

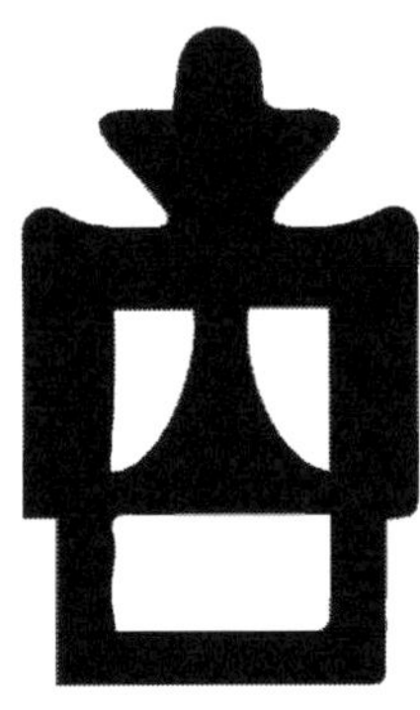

아프리카 역사 이야기

아프리카로의 총기의 유입

아프리카 최초의 총은, 17세기에 서부아프리카에서 모로코인들이 침입했을 때 처음 출현했다. 모로코인들은 총기 덕분에 수적으로 우세한 아프리카인들을 물리칠 수 있었고, 서부아프리카의 넓은 지역을 통제할 수 있었다. 모로코인들의 출현 이후에 아샨티족도 총기를 소유하게 되었고, 그중에서도 왕의 군대는 총기를 다루는 데 정통했다. 왕의 총인 오헤네 투오(Ohene tuo)와 유사한 '파자'는 아샨티족이 대중적으로 사용한 총기들 중의 하나였다.

17세기 말 아샨티 하위 부족 중 하나인 덴치라(Denkyira)족이 서부아프리카에서 가장 강력한 힘을 갖게 된 것은 자신들의 지역인 엘미나(Elmina) 요새의 총기 거래를 통제할 수 있었기 때문이다. 아샨티 왕국이 통일되자 아샨티족 전체가 유럽인들로부터 직접 총기와 병기를 구할 수 있었고, 그 결과 아샨티족은 황금 생산 지역에서 절대적 지배력을 갖게 되었다. 총기를 기반으로 한 아샨티족의 지배력은 그 후 이백 년 동안 유지되었다. 현재 이 총기들은 지금도 국가적 행사나 지도자의 장례식 등 국가적 의식에서 상징적으로 사용된다.

진야메 Gye Nyame

유래	상징의미
신만을 제외하고	전지전능한 신의 불멸성, 신의 전능함, 무소부재, 불멸

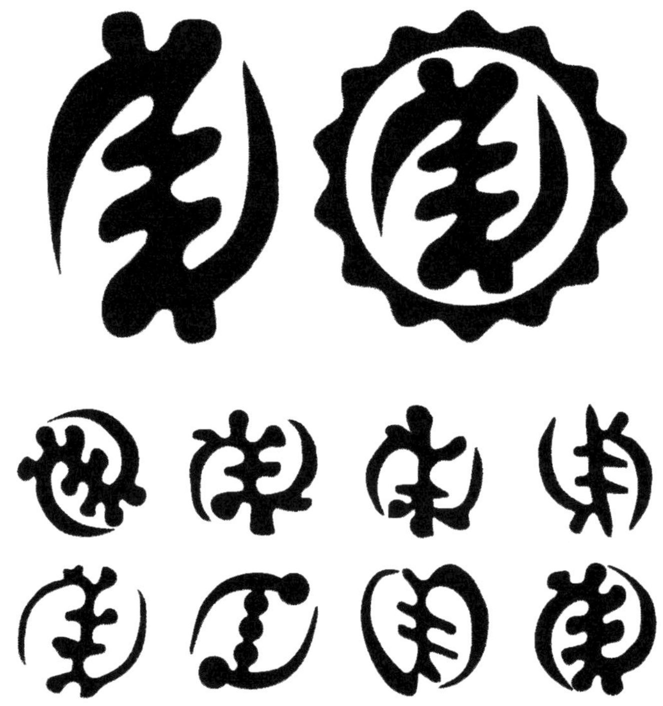

해설

'은야메(Nyame)'는 아칸족의 우주관에서 우주를 창조한 창조신이며, 그 누구와도 비교할 수 없는 예외적인 신 또는 유일신이다. 은야메의 파생 심벌인 '진야메(Gye Nyame)'는 "신을 제외하고는 나는 누구도 두려워하지 않는다."는 의미를 갖는다. 진야메가 내포한 위대한 창조의 파노라마는 태고로 거슬러 올라간다. 신을 제외하고 처음을 본 자는 그 누구도 살아있지 않고, 그 누구도 그 끝을 볼 때까지 살 수 없다.

이 상징은 가나 사회에서의 신의 절대적 우월성에 대한 믿음을 일상적인 개념으로 나타낸다. 이것은 원칙적으로 신의 위대함을 나타내고, 자신의 창조물에 대한 신의 힘을 반영한다. 이 최고의 존재는 이 세상의 모든 것을, 세계 안에서 작용하는 힘들까지도 지배한다. 따라서 진야메는 아칸족 최고의 정신적 상징들 중 하나로 존중받는다.

쳄프레 Kyemfere

유래	상징의미
질그릇 조각	어른의 경륜과 지혜

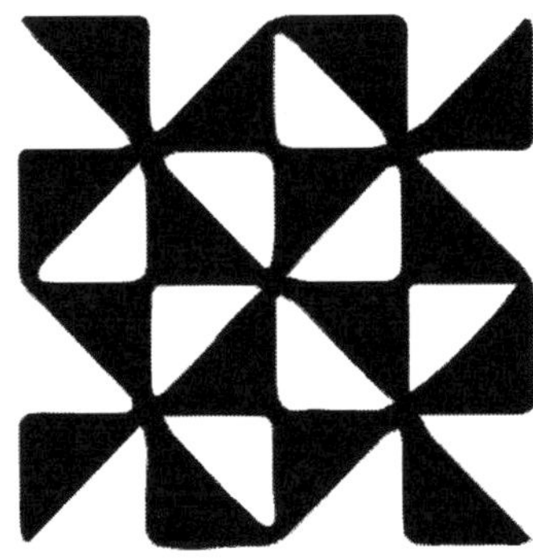

해설

‘쳄프레’는 ‘질그릇 조각’에서 유래한 상징으로, 나이가 들수록 가지게 되는 경험과 지혜에 대한 존중을 뜻한다. 아칸 격언 “만일 질그릇 조각(Kyemfere)이 자기가 나이를 많이 먹었다고 말하면, 그 그릇을 빚어낸 도공은 어떠하겠느냐?.”에서 온 상징이다. 이 격언은 항상 지식과 지혜를 존중해야 한다는 아칸족의 태도를 보여준다.

아딘크라 상징 쳄프레는 현대적 의미로, 미래를 보는 균형감과 열린 마음을 가질 필요가 있다는 의미를 가지기도 한다.

카에 메 Kae me

유래	상징의미
나를 기억하라.	충성, 충실함

아프리카 역사 이야기

아프리카의 문자와 기록을 둘러싼 오해

'아프리카인들이 문자를 사용하지 않았다'는 말은 옳지 않다. 사하라 이남의 대표적 문자 체계인 에티오피아 문자는 그 역사가 2,000년에 가까울 뿐만 아니라, 오늘날까지 사용되고 있다.

"아프리카인들은 과거를 기록하지도, 후대에 전승하지도 않는다."는 주장 또한 옳지 않다. 아프리카인들만큼 과거를 소중히 여기는 사람들은 없다. 아프리카 부족에는 과거로부터 내려온 지식과 전통, 신화, 전설을 구술해주는 이야기꾼, 즉 그리오가 있었다. 그들은 대개 마을의 연장자로서 부족의 어린아이들이 일곱 살 정도가 될 때까지 공동체의 역사를 가르쳤다. 그들은 역사 선생일 뿐만 아니라 전통 민요와 무용, 공동체 규범의 교육자이기도 했다.

이와 같이 아프리카에 문자가 있었고, 아프리카인들이 역사의식을 갖고 있었던 것은 분명하지만, 이들이 역사를 문자 기록으로 남겨야 한다고 생각하지는 않았던 것 같다. 그들은 문자화된 기록보다는 구술에 의한 직접적 전달을 더 선호했다.15)

---

15) 윤상욱, 『아프리카에는 아프리카가 없다』, 시공사, 2012, p. 40.

케테 파 Kete pa

유래	상징의미
좋은 잠자리	행복한 결혼, 사랑과 신뢰의 상징

 해설

행복한 결혼을 한 신부는 좋은 잠자리에서 편한 잠을 잔다.

아프리카 역사 이야기

아프리카와 문자 문화

사하라이남 흑아프리카에서는 문자가 존재하지 않았다는 것이 일반적인 견해다. 그러나 흑아프리카에서도 문자는 발명되었다.

일반적으로 흑아프리카의 문자는 다호메의 궁전을 장식하는 여러 왕들의 부조물이나 동부 아프리카의 키쿠유족이 표주박에 그린 문양, 니제르 강 유역에 사는 점술사가 모래 위에 그린 암호 문자 등을 포함해 생물이나 사물을 형상화한 그림 문자에서부터 밤바라인과 도곤족이 반디아가라의 바위벽에 새긴 표의 문자 같은 심벌까지 다양하게 존재한다.

이 밖에 서부 아프리카의 여러 민족 사이에도 아딘크라와 같은 원초적인 그림 문자, 표의 문자, 표음 문자의 체계가 존재한다는 사실이 확인되어 다카르 대학의 디아뉴 박사는 "문자의 사용은 아프리카 역사에 일관된 특징이다."라고 주장했다.[16]

---

16) 역사교육자협의회, 『숨겨진 비밀의 역사 중동, 아프리카』, 채정자 역, 예신, 1994, pp. 196- 197.

코코우 뒤아 Kokooo Dua

유래	상징의미
코코아나무	풍요로움, 부(富)

해설

코코아나무는 적도 기니의 '비오코(Bioko)' 섬으로부터 가나에 들어온 이후로, 아칸족의 주된 수입원이 되었다. 자연스럽게 코코아나무는 부의 상징이 되었지만, 갑작스러운 부의 증가는 그에 못지않은 부작용도 가져다주었다. 재산을 둘러싼 갈등을 겪게 된 가난했던 사람들에게, 코코아나무는 축복이자 재앙이었다.

아칸족에게는 "코코아는 집안을 망치고 서로 갈라서게 만든다."라는 격언이 있다.

코쿠로무티에 Kokuromotie

유래	상징의미
엄지손가락	협동의 상징

해설

'코쿠로무티에'는 협력, 참여, 팀워크의 의미를 가지고 있다. 여러 사람의 손을 모아 공동의 일을 한다는 의미로 조화의 뜻을 지니기도 한다. 엄지손가락의 기능에서 필수불가결함의 뜻을 갖기도 한다.

아프리카 역사 이야기

아프리카의 문자 발달이 늦은 이유

아프리카의 혹독한 기후에서는 문자보다는 목각 부조나 문양을 통한 기록이 보다 적합했을 것이라는 설명이 있다. 살인적인 더위와 습도를 지닌 아프리카의 기후에 견디지 못하는, 즉 내구성이 부족한 종이는 전달 매체로 적합하지 않았다. 우기에는 지워질 수밖에 없었을 것이다. 아프리카의 고유 문자들이 에티오피아 고원, 서부 아프리카의 사헬 지역를 위주로 발달한 것도 이런 맥락에서 설득력이 있다.[17)]

17) 윤상욱, 『아프리카에는 아프리카가 없다』, 시공사, 2012, p. 40.

쿤툰칸탄/킨틴칸탄 Kuntunkantan/Kintinkantan

유래	상징의미
자만심, 화려함	오만함에 대한 경고, 겸손의 필요성

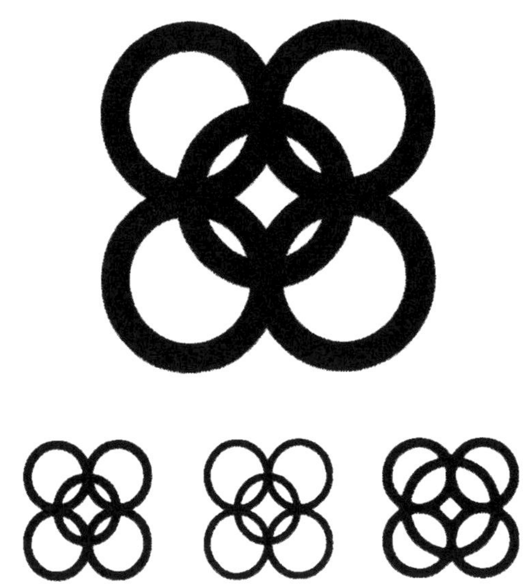

해설

'쿤툰칸탄'은 오만과 거만한 생각에 대한 아칸족의 경고를 상징한다. 지역과 개인에 따라 '킨틴칸탄'으로 발음하기도 한다.

아칸족은 자신이 다른 사람들보다 우월하다고 스스로 생각하는 자만심은 사물을 다른 사람의 시각으로 바라보는 능력이 없는 자기중심주의 결과라고 생각한다. 남들에게 자신의 우월함을 뽐내는 자만심이나 오만함은 근본적으로 삶에 대한 자기중심적인 사고에서 기인하는 것이다. 이러한 자기중심적 감정은 해로운 것이며, 불안감을 낳게 하여 결과적으로 삶을 망치게 한다고 본다.

이러한 이유에서 아딘크라 상징 쿤툰칸탄은 이러한 이기심이나 자만에 빠진 개인에 대한 경고이다. 더 나아가 쿤툰칸탄은 사람이 항상 겸손하고 자신을 낮출 필요가 있음을 상징한다.

현대에 들어서 쿤툰칸탄은 국가의 자존심이라는 상징적 의미를 가지기도 한다.

크라모 보네 Kramo Bone

유래	상징의미
나쁜 무슬림	속임수, 사악함, 위선에 대한 경고

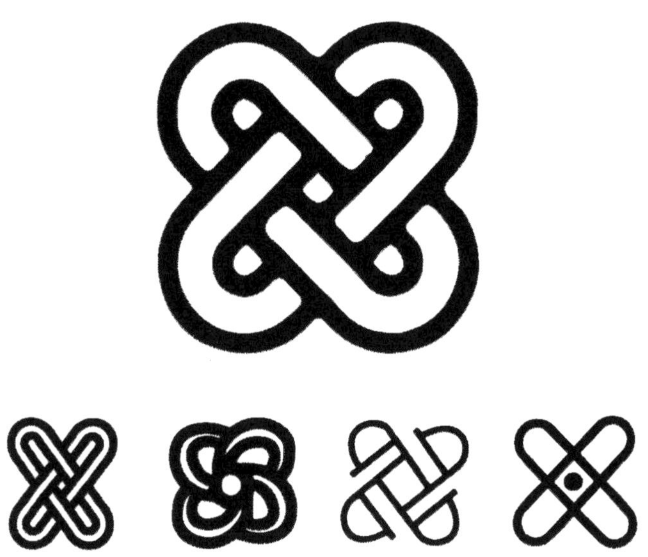

해설

'크라모 보네'는 "Kramo Bɔne Amma Yɛanhu Kramo Pa" 즉 "나쁜 무슬림은 선한 사람들이 알아보기 힘들다."라는 가나 격언에서 온 것이다. '크라모 보네 아마 예후 크라무 파'라는 격언 전체로 이 상징을 부르기도 한다.

이슬람교는 북방의 이슬람 상인들에 의해 가나에 전파되었다. 이슬람교는 가나 북부의 많은 민족들의 문화에 빠르게 수용되어 토착화되었고, 이슬람 성직자들은 그 지역의 존경과 신뢰의 대상이 되었다. 그러나 시간이 지나면서 이러한 이슬람교의 덕목을 악용하는 사기꾼들이 등장하게 되었고, 이들은 '나쁜 무슬림(Kramo Bɔne)'이라 불리게 되었다. 문제는 이슬람 신도 행세를 하는 '나쁜 무슬림'들을 순진한 가나인들이 구별하기 어렵다는 것이다. 자연히 이러한 사기꾼들의 속임수와 위선에 대한 경계를 촉구하는 경구가 등장하게 된다.

현대에 들어오면서 아딘크라 상징 크라모 보네는 다음과 같은 다양한 의미를 가지게 되었다.

"사람들은 가식적으로 행동하기를 좋아한다."

"보이는 그대로인 것은 없다."

"어떤 것을 배우는 가장 좋은 방법은 상황의 진실이나 경험을 통해서이다."

"우리는 진실 밖에서 더 많이 배운다."

크론티네 아쿠아무 Kronti Ne Akwamu

유래	상징의미
국가의 위원회, 국가의 연장자	민주주의, 상보성

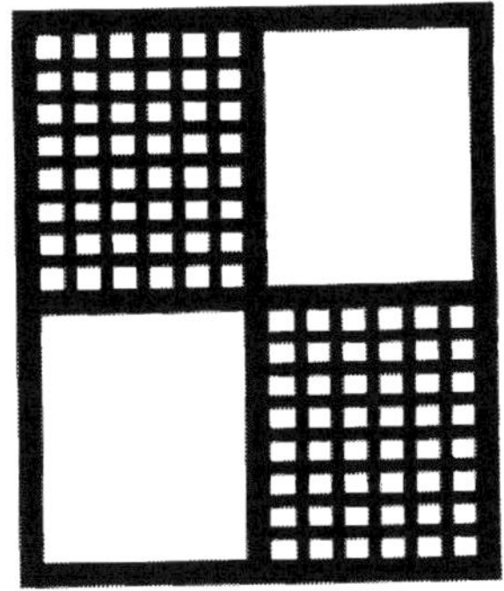

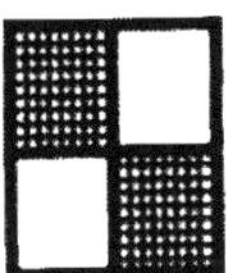

해설

'크론티네 아쿠아무'는 아샨티 연방을 만든 '오세이 투투' 왕이 아샨티-덴키라 전쟁(1700~1701) 직전에 만든 위원회이다. 오세이 투투는 아샨티를 통일하자, 다양한 아샨티 하위 부족으로 아샨티 연방을 창설하였다. 아샨티 연방은 각 부족들 간에 군사적, 정치적으로 상호 보완을 하는 것이 특징이다. 연방의 창설 과정에서 하위 부족들 중 두 부족인 '쿠론치'와 '야쿰'이 선두에 섰기 때문에 위원회의 이름이 쿠론친야쿰(쿠론치와 야쿰)이 되었다. 두 부족의 왕은 각각 '크론치헤네', '야쿰헤네'라는 이름을 얻었고, 크론티네 아쿠아무 위원회는 이후 응집력 있는 아칸 정부 시스템을 만드는 데 큰 기여를 했다.

현대에 들어와서 크론티네 아쿠아무는 '국가의 위원회' 또는 그 위원회의 구성원인 국가의 연장자를 뜻하게 됐다. 아딘크라 상징 크론티네 아쿠아무는 민주주의, 상호의존, 상보성의 의미를 갖는다.

관련된 격언으로는 "한 명만으로는 위원회를 구성할 수 없다. (두 사람의 지혜가 한 사람 보다 낫다.)" 가 있다.

크와타치 아티크와/제워 아티코

Kwatakye Atikoa/Gyewo Atiko

유래	상징의미
콰타키의 머리 모양	용맹, 용기, 용맹한 남자

해설

이 상징은 옛 아산티의 전쟁 영웅 '콰타키'의 독특한 헤어스타일을 형상화한 것이다.

'크와타치 아티크와'와 '제워 아티코'는 흔히 같은 뜻으로 사용된다. 이것들은 모두 중요한 아칸족 영웅들의 머리 모양을 뜻한다. '아티코'는 머리 뒷부분의 쪽진 머리를 뜻한다. 아칸족들에게 헤어스타일은 핵심적 예술 형태 중 하나이며, 헤어스타일을 고르는 것은 중요한 상징적 의미를 가진다. 그렇기 때문에 아칸족에게는 '두아페', '음푸아눔', '은코세포 음푸아', '제워 아티코', '크와타치 아티크와' 등 헤어스타일과 관련된 다양한 아딘크라 상징들이 있다.

크와타치 아티크와는 용맹한 전쟁 영웅 콰타키의 덕목에서 나온 용기, 용맹함, 리더십, 두려움 없음 등의 상징적 의미를 갖는다.

현대에서는 아칸 사회에서 용맹한 청년을 부르는 호칭으로 사용되기도 한다.

타보노 Tabono

유래	상징의미
노	강인함, 신뢰, 끈덕짐, 용기

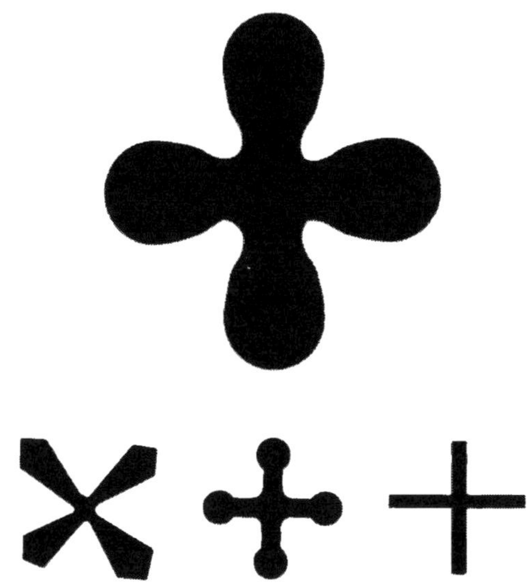

해설

'타보노'는 카누의 노를 양식화한 표현이다. 배의 노 젓는 사람은 매우 특별한 사람이었다. 그들은 배를 유도하고 조정하는 데 필요한 강한 힘과 확신, 그리고 끈질긴 근성을 가지고 있었다.

식민지 시절, 기니 만에서의 승선과 하선은 위험한 일이었다. 종종 가파르고 절벽으로 되어있는 고르지 못한 해안선은 위험하고 위협적이었다. 입항하는 유럽 선박은 해안에서 멀리 떨어져 닻을 내려야 했고, 그들을 태운 숙련된 원주민 카누조정자들은 부서지는 큰 파도 사이를 빠져나와야 했다. 목격자들의 증언에 따르면 험한 너울은 해안으로 들어오는 카누를 위협할 정도로 높이 들어 올리곤 했다. 큰 너울을 뒤따르는 거품을 머금은 부서진 파도를 피하기 위해서 재빠르게 노를 저을 숙련된 사람이 필요했다. 노 젓는 사람들은 거친 파도가 일 때 배를 해안에 대기 위해서 물결 사이의 시간을 정확히 맞춰야 했다. 그들의 기술은 인상적이고 훌륭했다.

아딘크라 상징 타보노는 이들이 가진 힘과 끈질김, 그리고 그들에 대한 신뢰감을 의미한다.

강인함, 신뢰, 끈덕짐은 한 개인의 자각과 자기인식을 보여주며, 또한 이러한 속성들을 긍정적으로 사용할 수 있는 개인의 능력을 보여준다.

탐포 베브레 Tamfo Bebre

유래	상징의미
질투심 많은 적	질투, 부러움, 불안

아프리카 역사 이야기

아프리카 역사 기록

현재 남아 있는 자료 중에서 아프리카 역사와 관련된 문헌은 7세기 서아프리카에 이슬람교를 전파한 아랍인의 기록, 15세기에 세네갈과 기니 해안을 통해 처음으로 아프리카에 들어왔던 포르투갈인의 기록이 가장 오래된 것에 속한다. 그러나 이 문서들은 이 지역의 풍습과 사회상, 지리적 정보를 언급하고 있지만 예술에 대한 기술은 찾아보기 어렵다. 예술에 관한 기록이 문헌에 등장하는 것은 19세기부터였기 때문에 그 이전의 아프리카 예술은 당시 유럽인이 본국으로 가져갔던 유물들을 통해 짐작할 수 있을 뿐이다. [...] 19세기 후반부터 1930년 사이에 유럽의 박물관들을 채우기 위한 목적으로 아프리카 미술품들이 본격적으로 유럽으로 옮겨졌다. 현재 유럽과 미국의 주요 아프리카 박물관의 소장품들은 대부분 이 시기의 것들이다.[18)]

18) 이영목, 이규현, 강초롱, 심지영 외, 『검은, 그러나 어둡지 않은 아프리카』, 사회평론, 2014, p. 268.

투미 티 세 코쉬아 Tumi te se kosua

유래	상징의미
정치권력의 덧없음	민주주의의 허무함, 규제

 **해설**

권력은 계란만큼이나 약한 것이다. 너무 꽉 쥐면 깨질 수도 있고 너무 살살 쥐면 떨어져서 깨질 수도 있다.

아프리카 역사 이야기

노예제도

노예제도는 옛날부터 있었다. 그에 대한 최초의 보고는 전쟁터에서 포로를 데리고 돌아와 피라미드를 짓는 데 투입했던 이집트 군대로 거슬러 올라간다. 반투 민족들 사이에서도 전쟁이 끝난 다음 적을 노예로 삼는 일이 있었다. 북부에서 온 아랍 상인들이 중부 아프리카에서 노예로 붙잡은 아이들과 여인들, 대부분의 젊은 남자들을 이용하여 처음으로 대규모 사업을 하였다.[19)]

19) 루츠 판 다이크, 데니스 두에 타마글로에, 『처음 읽는 아프리카의 역사』, 안인희 역, 웅진지식하우스, 2014, p. 102.

투오 네 아코페나 Tuo ne Akofena

유래	상징의미
군사력과 국력	힘, 책임, 지휘권, 적법, 국가안전, 보호, 무용(武勇)

아프리카 역사 이야기

'알'의 의미

전 세계 민담에서 알은 대체로 상서로운 상징으로 행운과 부와 건강을 암시한다. 그러나 투미 티 세 코쉬야는 알껍데기의 약한 성질에 주목한다. 권력을 계란을 쥐는 것에 빗대어 권력의 적절한 힘 조절의 필요성을 상기시킨다.

또한 알은 아프리카에서는 성적인 의미도 내포한다. 알이 가진 창조 상징은 달걀 모양은 고환을, 그리고 노른자와 흰자는 여성과 남성을 의미한다. 콩고에서 노른자는 여성의 온기를, 흰자는 남성의 정자를 상징한다.[20)]

20) 잭 트레시더, 『상징 이야기』, 김병화 역, 도솔, 2007, p. 14.

티 크로 은코 에진아 Ti Koro Nko Agyina

유래	상징의미
한 명으로는 의회를 꾸릴 수 없음	민주주의, 권력분배, 협의, 논의

아프리카 역사 이야기

아프리카 역사 왜곡

정확한 연대기와 왕조의 기록에 익숙한 유럽인들에게 아프리카 역사란 존재하지 않았다. 이러한 인식은 수세기가 지난 오늘날까지도 전 세계인의 의식을 지배하고 있다고 할 수 있다. 여기에 절대적 기여를 한 것이 바로 역사 철학자 헤겔이다.

헤겔은 그의 저서 『역사철학강의』에서 우선 아프리카를 문화적 특성에 따라 세 지역으로 구분 지었다. 지중해 연안의 북아프리카와 나일 강 유역은 유럽과 근동 지역의 문화적 영향을 받은 곳인 반면, 이 두 지역을 제외한 사하라 이남 아프리카를 '진정한 아프리카'라고 명명하면서 가혹한 평가를 내렸다.

"이 지역은 역사적으로 고립되어 왔으며 [...] 어린아이들의 땅이다. 그곳은 밤의 장막에 의해 봉해져 왔다. [...] 아프리카인들의 의식 수준은 매우 낮아서 신이나 법과 같은 추상적 사고를 할 수 없다. 그들에게는 객관적이고 초월적 존재를 통한 자아 인식 능력을 기대할 수 없다."

헤겔의 주장들은 매우 강력하고 질긴 도그마가 되었고, 20세기 오스발트 슈펭글러와 아널드 토인비와 같은 대역사가도 그 전철을 밟았다. 토인비는 아프리카에 대해 야만적 부족 사회 말고는 기술할 것이 없다고 잘라 말하기도 했다.[21)]

---

21) 역사교육자협의회, 『숨겨진 비밀의 역사 중동, 아프리카』, 채정자 역, 예신, 1994, pp. 40-41.

파우후디에 Fawohodie

유래	상징의미
자유	독립, 해방

해설

아칸 격언 "fawohodie ene obre na enam"은 "독립은 투쟁과 함께 손잡고 걸어가는 것이다."라는 의미다. '파우후디에'는 바로 이 격언을 상징화한 것이다.

아프리카 역사 이야기

아프리카 역사 다시 찾기

20세기 후반에 이르러 아프리카 지식인들의 역사의식이 성장하게 된다. 그 계기는 1963년 영국의 역사가 휴 트레버로퍼가 야기한 소위 '아프리카 논쟁'이다. 그 역시 헤겔의 논리를 답습하면서, "유럽인의 개척과 식민 지배 이전의 아프리카에는 역사가 없다. 아프리카에는 유럽인의 역사만 있을 뿐이다. 그 나머지는 암흑이다."고 선언함으로써 아프리카 지식인들을 자극했던 것이다.[22)]

22) 역사교육자협의회, 『숨겨진 비밀의 역사 중동, 아프리카』, 채정자 역, 예신, 1994, p. 43.

파자 Pagya

유래	상징의미
(부싯돌로) 불을 붙이기	사수(射手), 용맹, 방어, 힘, 전쟁

해설

파자는 일반인들이 소유할 수 있는 총이다. 파자의 디자인은 부싯돌 해머(불을 붙이는 데 사용되는 총의 철제 공이)와 화약이 담겨있는 조롱박의 모양에서 따온 것이다.

총이 가지는 일반적인 이미지와 같이 이 상징은 전쟁을 나타낸다. 또한 전쟁터에서 볼 수 있는 사수와 용맹의 상징이기도 하다.

▌파자의 공이쇠와 화약 보관 조롱박▐

파판토 Fafanto

유래	상징의미
나비	부드러움, 친절함, 정직함, 연약함

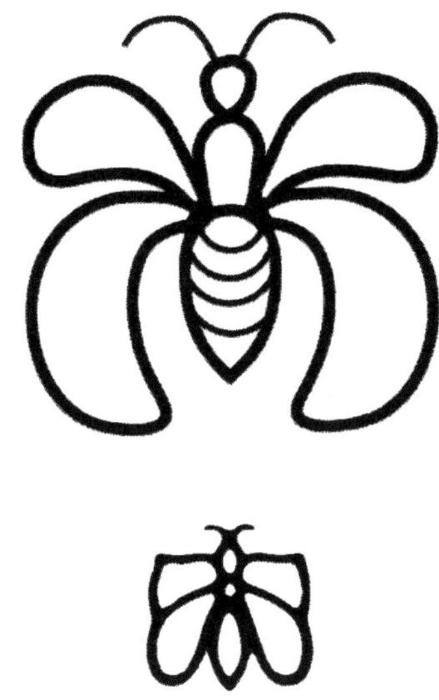

해설

나비는 아칸족에게 친절함과 부드러움을 상징하는 아주 아름답고, 연약한 생물이다. 아칸족은 인간을 나비에 비유한다. 나비는 아무리 우아하다 할지라도 연약하다. 삶도 또한 연약한 것이다. 우아함과 아름다움을 소유하고 있다는 것이 인생의 약점으로부터 벗어나게 해 주지는 않는다. 아칸족에게는 다음과 같은 격언이 있다. "나비는 술잔 주위를 펄럭이며 날아다니기는 하지만, 술을 마시지는 않는다. 술을 살 여유가 되지 않기 때문이다."

이 격언에 대한 아칸족의 해석은 다양하다. 한 가지 해석은 비록 술이 얼마든지 있더라도 그것을 살 돈이 없으면 우리는 술을 마실 수 없다는 것이다. 또는 현대적인 의미로 이 격언은 우리가 무엇을 사기 위해 돈을 가지고 있더라도, 그것이 충분하지 않기 때문에 가서 살 수가 없다는 것을 의미한다. 보다 문자적인 해석으로는 물건을 사기 위해서는 돈을 가지고 있어야 한다는 것이다. 만일 당신이 물건을 살 돈이 없다면, 그 물건이 아무리 풍부하더라도 그것 없이 지내야만 한다.

펨팜시에 Pempamsie

유래	상징의미
선견지명 갖기, 준비되어 있음	준비, 용맹, 견고함, 대담함, 단결

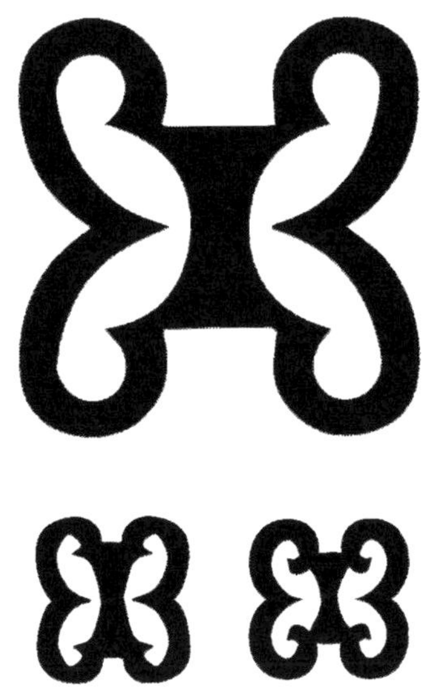

해설

'펨팜시에'는 문자 그대로 옮기면 '깨지지 않는 것'을 의미한다. 이 상징은 체인의 연결고리이다. 개인은 전체라는 체인에 있어서의 연결고리이다. 전체에 있어서 각각의 연결 관계, 즉 인간관계는 특별하고도 중요하다. 전체가 강해지기 위해서는 각 개인이 자신의 능력에 있어서 강해야 하고, 그렇게 되기 위하여 항상 준비하고 있어야 한다. 이러한 체인의 상징에서부터 펨팜시에는 '선견지명을 갖기', '준비되어 있음'을 의미하게 되었다.

펨팜시에는 더 나아가 단호하고 굳센 의지를 가진 사람을 의미하기도 한다. 강한 의지를 가지고 있으면서 모든 일에 준비되어 있고, 항상 견실함과 대담함의 자질을 보여주는 사람은 변화 혹은 역경에 대비가 되어 있는 사람이기 때문이다.

펨팜시에는 다음과 같은 아칸 격언에도 사용된다. "다수의 힘(Pempamsie)은 단결에 달려있다. 사람들이 단결하기만 하면, 그 무엇도 그들이 목표에 도달하는 것을 막을 수 없다." "단결은 힘이다."

포포 Fofo

유래	상징의미
도깨비바늘	질투와 탐욕에 대한 경고

해설

식물 '도깨비바늘(학명 bidens pilosa)'은 작고 노란 꽃을 가지고 있다. 꽃잎들이 떨어지면 검은색의 바늘 모양의 씨가 나온다. 아칸족은 이 식물의 모양을 질투심에 사로잡힌 사람으로 비유한다. 아칸족의 격언은 이러한 비유를 다음과 같이 전한다. "노란 꽃의 도깨비바늘이 원하는 것은 지난트위(gyinantwi) 씨가 검어지는 것이다."

질투심이 강한 도깨비바늘처럼 우리도, 가끔은 시기하며 질투심에 사로잡히고 탐욕스러워진다. 타인의 성취나 이점들과 관련된 이러한 부정적인 감정들은 불만과 불안정을 불러일으킨다.

푼툼미레쿠 덴쳄미레쿠

Funtummireku-Denkyemmireku

유래	상징의미
머리가 둘이고 위장이 하나인 악어	다양함 속의 통일성, 민주주의 또는 문화적 차이와 다양성에도 불구하고 전 인류의 하나 됨

해설

'푼툼미레쿠'와 '덴첌미레쿠'는 같은 운명을 공유하는 사람들이 단결해야 할 필요성을 나타낸다. 푼툼미레쿠와 덴첌미레쿠는 하나의 위장을 가지고 있는 두 마리 악어이다. 그들은 먹을 것을 두고 누가 먹을지를 놓고 싸운다. 아칸족 신화에 따르면 이 두 마리의 악어는 같은 집안에서 태어났고 서로 닮았다. 그들은 같은 위장을 가지고 있기 때문에 어느 하나가 음식을 먹어도 다른 하나 또한 득을 본다. 이 이야기의 역설은 그들 중 누가 음식을 먹더라도 다른 쪽도 득을 보는데, 그들은 음식을 가지고 끝없이 싸운다는 데 있다.

이 이야기가 의미하는 바는, 우리는 같은 가족이나 같은 지역사회에 속하더라도 개인적으로 필요한 것을 얻기 위해서 끊임없이 싸워야한다는 것이다. 우리는 지역사회나 가족에 이익을 가져오기 위해 같은 단지(위장)에 기여를 해야 한다. 또 다른 매우 유사한 의미는 '다양함 속의 통일성'에서 찾을 수 있다. 이 문구는 비록 한 집단의 구성원들이 서로 다를 수 있고 서로 다른 조건을 가지고 있지만, 그들은 서로 협력하고, 동일한 목표를 달성하며, 창의적이고 집단적이 될 수 있음을 나타낸다. 그러므로 우리가 같은 운명을 공유하고 있다면, 서로 싸워서는 안 된다. 이와 관련된 격언은 다음과 같다. "머리가 둘인 악어가 먹을 것을 가지고 싸우지만 결국 같은 위로 들어간다."

피 한크레 Fi Hankare

유래	상징의미
폐쇄, 안전 복합건물	형제애, 안전, 보장, 완벽성, 연대감

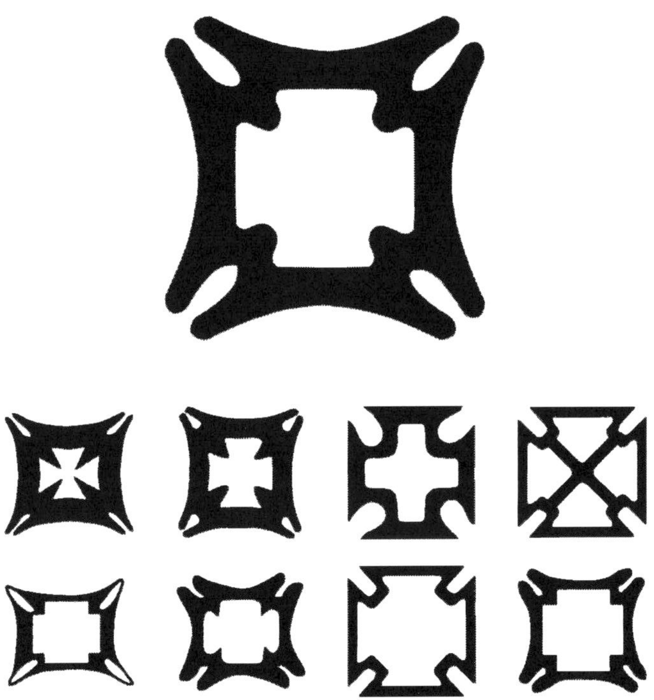

해설

'피 한크레'는 아칸족이 선호하는 가나식 건축법 또는 건물 양식이다. 기본 양식은 사방이 모두 방으로 둘러싸여 폐쇄된 중앙의 사각형 공간이 핵심이다. 기본 개념과 이론은 전형적인 외부의 요소들로부터 보호와 그럼으로써 제공되는 안전함과 연대감이다.

전통 가옥 양식인 피 한크레는 형제애와 연대감을 나타낸다. 집은 외부로부터 지켜주는 안전한 장소이기 때문이다. 아칸족은 단결된 가족과 집안의 힘에 높은 가치를 부여한다. 가나인들에게 4각형의 4면을 가진 집은 안전함과 보호를 나타낸다.

하늘에서 바라본 피 한크레의 형태와 디자인은 4면과 중앙의 공간을 보여 준다. 아칸 사회에서 흔히 찾아볼 수 있는 이런 유형의 집은 물리적 보호와 가족 공동체 또는 함께 가는 가족의 개념을 강화해 준다.

‖ 피 한크레 ‖

아프리카 역사 이야기

여전한 아프리카 폄하

2007년 프랑스 대통령 니콜라 사르코지가 세네갈 다카르의 대학 UCAD에서 한 연설

"아프리카인들은 한 번도 역사 단계에 들어선 적이 없다. 아프리카 농부들은 그저 수천 년간 계절의 반복과 자연에 동화된 채로 무한한 시간의 반복만을 인식한 채 살아왔다. 거기에는 인간의 노력이나 진보에 관한 관념이 있을 수 없었다. 아프리카인들이 그리워하는 황금시대란 오지 않을 것이다. 왜냐하면 그것은 존재하지도 않았던 시대였기 때문이다."

이 연설로 인해 수많은 아프리카 지식인들과 정치 지도자들은 사르코지를 제국주의에 사로잡힌 전형적 인종주의자라고 비난하고 나섰다. 프랑스 정부는 연설의 의미를 축소하려고 했으나, 기본적으로 아프리카를 몰역사적 대륙으로 비하한 그의 인식은 이미 아프리카인들에게 깊은 상처를 남겼다.[23]

---

23) 역사교육자협의회, 『숨겨진 비밀의 역사 중동, 아프리카』, 채정자 역, 예신, 1994, p. 46.

참고문헌

일반 저서

가와다 준조, 『무문자 사회의 역사』, 임경택 역, 논형, 2004.

글레어 깁슨, 『상징, 알면 보인다』, 정아름 역, 비즈앤비즈, 2010.

루츠 판 다이크, 데니스 두에 타마글로에, 『처음 읽는 아프리카의 역사』, 안인희 역, 웅진 지식하우스, 2014.

존 아일리프, 『아프리카의 역사』, 강인황 역, 이산, 2010.

옹, 월터 J., 『구술문화와 문자문화』, 이기우 · 임명진 역, 문예출판사, 2009.

이영목 · 이규현 · 강초롱 · 심지영 외, 『검은, 그러나 어둡지 않은 아프리카』, 사회평론, 2014.

앤서니, 데이비드 W., 『말, 바퀴, 언어』, 공원국 역, 에코리브르, 2001.

역사교육자 협의회, 『숨겨진 비밀이 역사 중동 아프리카』, 채정자 역, 예신, 1994.

윤상욱, 『아프리카에는 아프리카가 없다』, 시공사, 2012.
잭 트레시더, 『상징 이야기』, 김병화 역, 도솔, 2007.
홍명희 · 이경래 · 유재명 · 김경랑 · 조지숙, 『아프리카의 신화와 전설-서부 아프리카 편』, 다사랑, 2016.

Willis, W. Bruce, *The Adinkra Dictionary*, Washington : The Pyramid Complex, 1998.
Owuse, Heike, *Les Symboles des Africains*, Éditions Guy Tredaniel, 1999.
Ofori-Mankata, Michael, *ADINKRAHENE King of all the symbols*, Ansaa reads LLC, 2014.

아딘크라 관련 논문

http://urpjournals.com/tocjnls/14_13v3i1_7.pdf
http://www.ghanaculture.gov.gh/privatecontent/File/Adinkra%20Cultural%20Symbols%20of%20the%20Asante%20People.pdf
http://digitalcommons.unl.edu/cgi/viewcontent.cgi?article=1750&context=tsaconf
http://digitalcollections.sit.edu/cgi/viewcontent.cgi?article=2690&context=isp_collection

아딘크라 역사와 정의

http://www.fredsmith.com/adinkra.htm

http://msp.uga.edu/services/adinkra_hall.php

http://symboldictionary.net/?p=1973

아딘크라 소개와 정보

http://adinkra.lassanay.net/

http://www.encyclopedia.com/article-1G2-3427500013/adinkra.html

http://www.csdt.rpi.edu/african/adinkra/index.html

아딘크라의 활용

http://www.divinechocolate.com/us/good-stuff/news/2013/4/adinkra-meaning-behind-symbols

http://www.liverpoolmuseums.org.uk/kids/make-and-colour/adinkra/

http://theadinkragroup.com/

http://www.adireafricantextiles.com/adinkragallery.htm

https://www.etsy.com/market/adinkra_symbol

기타

http://www.earticle.net/article.aspx?sn=183830

http://www.ohmynews.com/NWS_Web/view/at_pg.aspx?CNTN_CD=A0000998865

아프리카의 상징 철학 아딘크라

초판인쇄 2017년 1월 18일
초판발행 2017년 1월 20일

공동저자 홍명희 · 조지숙 · 유재명 · 김경랑 · 이경래

펴 낸 이 신 성 길
펴 낸 곳 도서출판 디 서 링
주 소 서울시 동작구 사당로8길(상도동)
전 화 02)812-3694
홈페이지 www.jin3.co.kr
등록번호 1999.5.24. 제17-287호

ISBN 978-89-97756-26-1 93100

값 25,000원